ACCESO GRATIS *a la Lectura en la Nube*

Para visualizar el libro electrónico en la nube de lectura envíe junto a su nombre y apellidos una fotografía del código de barras situado en la contraportada del libro y otra del ticket de compra a la dirección:

ebooktirant@tirant.com

En un máximo de 72 horas laborales le enviaremos el código de acceso con sus instrucciones.

LA MODIFICACIÓN DE LAS CONDICIONES DE TRABAJO

Procedimiento de selección de originales, ver página web:
www.tirant.net/index.php/editorial/procedimiento-de-seleccion-de-originales

LA MODIFICACIÓN DE LAS CONDICIONES DE TRABAJO

Tomás Sala Franco
Catedrático de Derecho del Trabajo y de la Seguridad Social
Universidad de Valencia. Estudio General

tirant lo blanch
Valencia, 2024

En caso de erratas y actualizaciones, la Editorial Tirant lo Blanch publicará la pertinente corrección en la página web www.tirant.com.

EDITA: TIRANT LO BLANCH
C/ Artes Gráficas, 14 - 46010 - Valencia
TELFS.: 96/361 00 48 - 50
FAX: 96/369 41 51
Email: tlb@tirant.com
www.tirant.com
Librería virtual: www.tirant.es
DEPÓSITO LEGAL: V-2085-2024
ISBN: 978-84-1071-059-7
MAQUETA: Tink Factoría de Color

Si tiene alguna queja o sugerencia, envíenos un mail a: *atencioncliente@tirant.com*. En caso de no ser atendida su sugerencia, por favor, lea en *www.tirant.net/index.php/empresa/politicas-de-empresa* nuestro procedimiento de quejas.

Responsabilidad Social Corporativa: http://www.tirant.net/Docs/RSCTirant.pdf

Índice

Capítulo Tercero
CONCLUSIONES

Introducción

TRES OPERACIONES DISTINTAS PARA LA MODIFICACIÓN DE LAS CONDICIONES DE TRABAJO

1. TRES OPERACIONES DISTINTAS PARA LA MODIFICACIÓN DE LAS CONDICIONES DE TRABAJO

Existen tres operaciones distintas para la modificación de las condiciones de trabajo deficientemente reguladas y a veces confundidas por la jurisprudencia y la doctrina, que merecen una mínima reflexión en orden a su aclaración. Se trata de las siguientes:

1°) En primer lugar, de la modificación de condiciones de trabajo contractuales.

2°) En segundo lugar, de la modificación de las condiciones nacidas de una norma, legal o convencional.

3°) En tercer lugar, de los cambios del convenio colectivo aplicable por parte de una empresa.

Capítulo Primero
LA MODIFICACIÓN DE LAS CONDICIONES DE TRABAJO CONTRACTUALES

2. DOS DISTINCIONES BÁSICAS DE PARTIDA

La primera y elemental distinción que hay que hacer es la existente entre la modificación del contrato de trabajo y la modificación de las condiciones de trabajo contractuales.

La modificación o novación de un contrato no podrá hacerse por la sola voluntad de una de las partes, exigiéndose en todo caso la voluntad concurrente de ambas partes. Así, por ejemplo, para convertir un contrato de trabajo común (indefinido y a tiempo completo) en un contrato de trabajo temporal o a tiempo parcial o fijo discontinuo o, más aún, en un contrato civil de arrendamiento de servicios o de ejecución de obra o viceversa. Mientras que la modificación de las condiciones de trabajo contractuales podrá realizarse por voluntad conjunta de las partes o por la voluntad unilateral de una de las partes, el empresario o la persona trabajadora.

La segunda distinción se refiere a la modificación de las condiciones de trabajo contractuales —esto es, las condiciones nacidas, expresa o tácitamente, del contrato individual o de un convenio colectivo extraestatutario de eficacia contractual— respecto de la modificación de las condiciones de trabajo normativas —esto es, las nacidas de una norma, legal, reglamentaria o convencional estatutaria—.

La modificación de las condiciones de trabajo contractuales podrá hacerse por la voluntad concurrente de ambas partes contratantes o por la voluntad unilaterl de una de las partes, mientras que la modificación de las condiciones de trabajo normativas se producirá siempre por voluntad de la norma aplicable, ya sea ésta estatal o convencional.

3. TRES PROCEDIMIENTOS PARA LA MODIFICACIÓN DE LAS CONDICIONES DE TRABAJO CONTRACTUALES

Existen tres procedimientos para la modificación de las condiciones de trabajo contractuales:

a) El mutuo acuerdo entre el empresario y la persona trabajadora.

b) La voluntad unilateral de la persona trabajadora.

c) La voluntad unilateral del empresario.

I. La modificación de las condiciones contractuales por mutuo acuerdo entre empresario y trabajador

4. EL PRINCIPIO DE AUTONOMÍA DE LA VOLUNTAD DE LAS PARTES Y SUS LÍMITES

Del mismo modo que inicialmente las partes son libres para fijar sus condiciones de trabajo en el marco de las normas legales, reglamentarias y convencionales imperativas, nada obsta para que las partes puedan libremente modificarlas con posterioridad respetando idéntico marco. Se trataría de una mera manifestación del principio de la autonomía de la voluntad de las partes, recogido en el Art. 1255 del CC.

Los límites imperativos a la modificación bilateral de las condiciones de trabajo contractuales vienen establecidos en los Arts. 3.1.c) del ET y 1261 y ss. del CC.

Así, con base en el Art. 3.1 c) del ET, las partes, al modificar las condiciones de un contrato de trabajo, no podrán establecer "condiciones menos favorables (para el trabajador) o contrarias a las disposiciones legales y convenios colectivos", según se trate de normas imperativas mínimas o imperativas absolutas, respectivamente (por todas, SS.TS de 2 de julio de 1997 o de 18 de julio de 2002).

Por otra parte, el pacto modificativo estará sometido para su validez a los mismos requisitos de capacidad, consentimiento (la ausencia de error, violencia, intimidación o dolo en una de las partes), objeto y forma que los exigidos para el nacimiento de la relación laboral (Arts. 1261 y ss. del CC) y, muy especialmente, (Art. 1265 del CC).

Como consecuencia de lo anterior, los pactos novatorios contractuales podrán declararse totalmente nulos por vicios en el consentimiento prestado y total o parcialmente nulo por razones de legalidad. De tratarse de una nulidad parcial, "el contrato permanecerá válido en lo restante y se entenderá completado con los preceptos jurídicos adecuados" a la legalidad (Art. 9.1 del ET).

En cuanto a los límites de la autonomía individual en relación con las modificaciones, no será posible renunciar para el futuro a la aplicación de las reglas legales sobre los poderes empresariales modificativos, estableciendo la libertad plena del empresario para introducir modificaciones sustanciales de las condiciones de trabajo sin ajustarse a ellas. Así, la STS de 7 de noviembre de 2008 estableció que *"...las cláusulas de los contratos transcritas en los antecedentes de esta resolución, al contemplar, como condición normal del contrato y sin ninguna otra limitación, la posibilidad de que la empresa modifique (incrementando o reduciéndolos) unilateralmente la jornada y el salario de los trabajadores afectados "según —o "en función de"— las necesidades del servicio", entrañan, por una parte, como se dijo, una clara renuncia de los derechos de naturaleza indisponible que se derivan del Art. 41 del ET y, por otra, vulneran la norma de derecho común que prohíbe dejar al arbitrio de uno de los contratantes la validez y el cumplimiento de los contratos (Art. 1256 del CC)".*

Por otro lado, tampoco cabrá recurrir a la contratación individual en masa para introducir modificaciones en las condiciones de trabajo cuando a través de los pactos individuales en masa se invada el espacio ocupado por el convenio colectivo. De acuerdo con la jurisprudencia constitucional, este tipo de conductas pueden ser contrarias a la libertad sindical. Esto ocurre en los casos en los que los acuerdos individuales en serie buscan desplazar las previsiones del convenio colectivo (SS.TC 105/1992, de 1 de julio, 225/2001, de 26 de noviembre, o 238/2005, de 26 de septiembre) o sustituirlo en caso de falta de acuerdo para su renovación (STC 107/2000, de 4 de mayo). Sin embargo, "*la mera circunstancia de que una materia pudiera en su momento ser objeto de negociación colectiva no supone... un impedimento para acuerdos contractuales individuales o para decisiones de la empresa en ejercicio de sus poderes de gestión, al margen del alcance cuantitativo de la medida*" (STC 208/1993, de 28 de junio). Así, los límites de esta doctrina constitucional no siempre serán fáciles de establecer en la práctica, dependiendo la calificación de una situación como contraria o no a la libertad sindical de las circunstancias de cada caso.

5. EL PROCEDIMIENTO PARA LA MODIFICACIÓN BILATERAL DE LAS CONDICIONES DE TRABAJO CONTRACTUALES

La ley no establece forma o procedimiento alguno para las modificaciones bilaterales de las condiciones de trabajo contractuales. Así, aplicando las reglas generales de la forma de contratación laboral, será posible acordarlas por escrito o verbalmente o deducirla tácitamente de hechos concluyentes.

Ahora bien, cuando no se pacte por escrito la modificación, comoquiera que el mutuo acuerdo puede ser el resultado de una iniciativa empresarial (por todas, SS.TS de 2 de julio de 1997 o de 18 de julio de 2002) o de una iniciativa del trabajador, habrá que tener cuidado a la hora de valorar en caso de conflicto posterior la existencia de una aceptación tácita por parte de este último o la existencia de un abuso empresarial por la vía de la presión directa o indirecta para aceptar la modificación. Por ello, la voluntad modificativa no debe presumirse ni inferirse de una mera actitud de la persona trabajadora. La jurisprudencia ha indicado un criterio a seguir en estos casos: una vez trascurrido el plazo para ejercitar la oportuna acción contra el empresario, cabrá aceptar que la persona trabajadora ha consentido tácitamente la modificación (SS.TS de 20 de abril o de 10 de junio de 2009).

6. LA OPORTUNIDAD DE UNA REGULACIÓN MÍNIMA

La ausencia de regulación legal del supuesto de modificación de las condiciones de trabajo contractuales por mutuo acuerdo entre las partes hace oportuna a mi juicio una mínima regulación de sus límites, procedimiento y consecuencias legales de su incumplimiento, especialmente en lo relativo a la *"contratación individual en masa"*.

II. LA MODIFICACIÓN DE LAS CONDICIONES CONTRACTUALES POR VOLUNTAD UNILATERAL DE LA PERSONA TRABAJADORA

7. LOS PRECEPTOS LEGALES QUE ESTABLECEN MODIFICACIONES UNILATERALES POR VOLUNTAD UNILATERAL DE LA PERSONA TRABAJADORA

Los preceptos legales contemplan distintos supuestos de modificación de condiciones de trabajo contractuales a iniciativa de la persona trabajadora referidos a la jornada laboral y a los horarios, a los ascensos, a la movilidad funcional y a la movilidad geográfica.

8. LAS MODIFICACIONES REFERIDAS A LA JORNADA LABORAL Y A LOS HORARIOS

Son frecuentes las disposiciones legales que establecen posibles modificaciones unilaterales de la persona trabajadora referidas a la jornada laboral y a los horarios. A saber:

a) El Art. 26.1 de la LPRL, referido a las personas trabajadoras en situación de embarazo o parto reciente. En él se establece que el empresario deberá adaptar las condiciones de trabajo de las mismas (la no realización de trabajo nocturno o de trabajo a turnos) cuando puedan influir negativamente en la salud de las personas trabajadoras o del feto o lactante.

b) El Art. 37.8 del ET, referido a las personas trabajadoras víctimas de violencia de género o del terrorismo. Estas tendrán derecho, para hacer efectiva su protección o su derecho a la asistencia social integral, a la reducción de la jornada de trabajo con disminución proporcional del salario o a la reordenación del tiempo de trabajo, a través de la adaptación del horario, de la aplicación del horario flexible o de otras formas de ordenación del tiempo de trabajo que se utilicen en la empresa. También tendrán derecho a realizar su trabajo total o parcialmente a distancia o a dejar de hacerlo si este fuera el sistema establecido, siempre en ambos casos que esta modalidad de prestación de servicios sea compatible con el puesto y funciones desarrolladas por la persona.

Estos derechos se podrán ejercitar en los términos que para estos supuestos concretos se establezcan en los convenios colectivos o en los acuerdos entre la empresa y los representantes legales de las personas trabajadoras, o conforme al acuerdo entre la empresa y las personas trabajadoras afectadas. En su defecto, la concreción de estos derechos corresponderá a estas últimas y las discrepancias con la empresa deberán resolverse por la jurisdicción social a través del procedimiento especial establecido en el Art. 139 de la LJS.

c) El Art. 34.8 del ET estableciendo el derecho de las personas trabajadoras a solicitar las adaptaciones de la duración y distribución de la jornada de trabajo, en la ordenación del tiempo de trabajo y en la forma de prestación, incluida la prestación de su trabajo a distancia, para hacer efectivo su derecho a la conciliación de la vida familiar y laboral. Dichas adaptaciones deberán ser razonables y proporcionadas en relación con las necesidades de la persona trabajadora y con las necesidades organizativas o productivas de la empresa.

En el caso de que tengan hijos o hijas, las personas trabajadoras tienen derecho a efectuar dicha solicitud hasta que los hijos o hijas cumplan doce años.

Asimismo, tendrán este derecho aquellas personas trabajadoras que tengan necesidad de cuidar a hijos e hijas mayores de doce años, al cónyuge o pareja de hecho, a familiares por consanguinidad hasta el segundo grado de la persona trabajadora, así como a otras personas dependientes cuando, en este último caso, convivan en el mismo domicilio y que, por razones de edad, accidente o enfermedad no puedan valerse por sí mismos, debiendo justificar las circunstancias en las que fundamentan su petición.

En la negociación colectiva se podrán establecer los términos de su ejercicio, que se acomodarán a criterios y sistemas que garanticen la ausencia de discriminación, tanto directa como indirecta, entre personas trabajadoras de uno y otro sexo. En su ausencia, la empresa, ante la solicitud de la persona trabajadora, abrirá un proceso de negociación con ésta que tendrá que desarrollarse con la máxima celeridad y, en todo caso, durante un periodo máximo de quince días, presumiéndose su concesión si no concurre oposición motivada expresa en este plazo.

Finalizado el proceso de negociación, la empresa, por escrito, comunicará la aceptación de la petición. En caso contrario, planteará una propuesta alternativa que posibilite las necesidades de conciliación de la persona trabajadora o bien manifestará la negativa a su ejercicio. Cuando se plantee una propuesta alternativa o se deniegue la petición, se motivarán las razones objetivas en las que se sustenta la decisión.

La persona trabajadora tendrá derecho a regresar a la situación anterior a la adaptación una vez concluido el período acordado o previsto o cuando decaigan las causas que motivaron la solicitud.

En el resto de los supuestos, de concurrir un cambio de circunstancias que así lo justifique, la empresa sólo podrá denegar el regreso solicitado cuando existan razones objetivas motivadas para ello.

Todo ello sin perjuicio de los permisos a los que tenga derecho la persona trabajadora de acuerdo con lo establecido en los Arts. 37 y 48 bis del ET.

Las discrepancias surgidas entre la dirección de la empresa y la persona trabajadora serán resueltas por la jurisdicción social, a través del procedimiento especial establecido en el Art. 139 de la LJS.

Ciertamente, resulta discutible en este caso la existencia de un verdadero y propio derecho del trabajador a la adaptación de la jornada, por cuanto, de no existir acuerdo colectivo o individual, es el empresario el que decide si acepta la solicitud del trabajador, la deniega o propone una alternativa, decisión que en todo caso podrá ser valorada judicialmente con posterioridad.

d) El Art. 23.1 del ET, referido a la promoción y formación profesional en el trabajo. En él se establece el derecho de los trabajadores a la adaptación de la jornada ordinaria de trabajo para la asistencia a cursos de formación profesional.

En la negociación colectiva se pactarán los términos del ejercicio de este derecho, garantizando la ausencia de discriminación directa o indirecta por razón de género (Art. 23. 2 del ET).

e) El Art. 36.4 del ET, referido al trabajo nocturno. En él se establece que las personas trabajadoras nocturnas a los que se reconozcan problemas de salud ligados al hecho de su trabajo nocturno tendrán derecho a ser destinados a un puesto de trabajo diurno que exista en la empresa y para el que sean profesionalmente aptos. El cambio de puesto de trabajo se llevará a cabo de conformidad en su caso con lo dispuesto en los Arts. 39 y 41 del ET.

f) El Art. 37.6 del ET, referido a personas trabajadoras que tengan a su cuidado a menores, familiares o discapacitados. En él se establece el derecho a la reducción de su jornada diaria con la disminución proporcional del salario entre, al menos, un octavo y un máximo de la mitad de la duración de aquella

Tendrá el mismo derecho quien precise encargarse del cuidado directo del cónyuge o pareja de hecho, o un familiar hasta el segundo grado de consanguinidad y afinidad, incluido el familiar consanguíneo de la pareja de hecho, que por razones de edad, accidente o enfermedad no pueda valerse por sí mismo, y que no desempeñe actividad retribuida.

El progenitor, guardador con fines de adopción o acogedor permanente tendrá derecho a una reducción de la jornada de trabajo, con la disminución proporcional del salario de, al menos, la mitad de la duración de aquella, para el cuidado, durante la hospitalización y tratamiento continuado, del menor a su cargo afectado por cáncer (tumores malignos, melanomas y carcinomas), o por cualquier otra enfermedad grave, que implique un ingreso hospitalario de larga duración y requiera la necesidad de su cuidado directo, continuo y permanente, acreditado por el informe del servicio público de salud u órgano administrativo sanitario de la comunidad autónoma correspondiente y, como máximo, hasta que el hijo o persona que hubiere sido objeto de acogimiento permanente o de guarda con fines de adopción cumpla los veintitrés años.

En consecuencia, el mero cumplimiento de los dieciocho años de edad por el hijo o el menor sujeto a acogimiento permanente o a guarda con fines de adopción no será causa de extinción de la reducción de la jornada, si se mantiene la necesidad de cuidado directo, continuo y permanente.

No obstante, cumplidos los 18 años, se podrá reconocer el derecho a la reducción de jornada hasta que el causante cumpla 23 años en los supuestos en que el padecimiento de cáncer o enfermedad grave haya sido diagnosticado antes de alcanzar la mayoría de edad, siempre que en el momento de la solicitud se acrediten los requisitos establecidos en los párrafos anteriores, salvo la edad.

Asimismo, se mantendrá el derecho a esta reducción hasta que la persona cumpla 26 años si antes de alcanzar 23 años acreditara, además, un grado de discapacidad igual o superior al 65 por ciento.

Por convenio colectivo, se podrán establecer las condiciones y supuestos en los que esta reducción de jornada se podrá acumular en jornadas completas.

En los supuestos de nulidad, separación, divorcio, extinción de la pareja de hecho o cuando se acredite ser víctima de violencia de género, el derecho a la reducción de jornada se reconocerá a favor del progenitor, guardador o acogedor con quien conviva la persona enferma, siempre que cumpla el resto de los requisitos exigidos.

Cuando la persona enferma contraiga matrimonio o constituya una pareja de hecho, tendrá derecho a la reducción de jornada quien sea su cónyuge o pareja de hecho, siempre que acredite las condiciones para acceder al derecho a la misma.

Las reducciones de jornada constituyen un derecho individual de las personas trabajadoras, hombres o mujeres. No obstante, si dos o más trabajadores de la misma empresa generasen este derecho por el mismo sujeto causante, el empresario podrá limitar su ejercicio simultáneo por razones fundadas y objetivas de funcionamiento de la empresa, debidamente motivadas por escrito, debiendo en tal caso la empresa ofrecer un plan alternativo que asegure el disfrute de ambas personas trabajadoras y que posibilite el ejercicio de los derechos de conciliación.

En el ejercicio de este derecho se tendrá en cuenta el fomento de la corresponsabilidad entre mujeres y hombres y, asimismo, evitar la perpetuación de roles y estereotipos de género.

9. LOS ASCENSOS

El Art. 24 del ET regula los ascensos, dentro del sistema de clasificación profesional de la empresa (Art. 4.2 b) del ET) y con los límites que respecto de ellos fija el convenio colectivo aplicable. En él se dispone, con carácter general, lo siguiente:

1°) Que "los ascensos dentro del sistema de clasificación profesional se producirán conforme a lo que se establezca en convenio o, en su defecto, en acuerdo colectivo entre la empresa y los representantes de los trabajadores. En todo caso los ascensos se producirán teniendo en cuenta la formación, méritos, antigüedad del trabajador, así como las facultades organizativas del empresario" (STSJ de Andalucía/Málaga, de 24 de octubre de 2002).

2°) Y que, en todo caso, "los ascensos y la promoción profesional en la empresa se ajustarán a criterios y sistemas que tengan como objetivo garantizar la ausencia de discriminación directa o indirecta entre mujeres y hombres, pudiendo establecerse medidas de acción positiva dirigidas a eliminar o compensar situaciones de discriminación".

Naturalmente, esta prohibición de discriminación por razón de género debe extenderse a otras causas de discriminación enumeradas en el Art. 17.1 del ET (origen, estado civil, raza, condición social ideas religiosas o políticas, etc.). El Art. 68 c) del ET establece, asimismo, entre las garantías concedidas a los representantes legales de las personas trabajadoras la de no ser discriminados en su promoción profesional en razón de su representación.

Se trata, salvo en lo relativo a la no discriminación por razón de género, de un precepto programático y no directamente aplicable, que deberá desarrollarse necesariamente en los convenios colectivos o acuerdos de empresa, con miras a objetivar el derecho al ascenso: "El derecho a la promoción profesional, reconocido en el Art. 35 de la Constitución y en el ET, está sometido a la normativa convencional para evitar que sea la libre discrecionalidad del empresario el único mecanismo de promoción" (STCT de 7 de mayo de 1995).

La prohibición de la discriminación de género en los ascensos permite introducir en los convenios colectivos un derecho de preferencias de las mujeres al ascenso, con base en el Art. 17.4 del ET que habilita a la negociación colectiva a establecer medidas de acción positiva en la promoción profesional a favor de aquellas personas trabajadoras que por razón de sexo estén infrarrepresentados en un determinado grupo profesional.

De la normativa legal y convencional analizada, cabe deducir las siguientes constantes reguladoras:

- La existencia de un triple sistema de ascensos en función de los grupos profesionales de que se trate (STS de 23 de noviembre de 1992): por antigüedad, por criterios objetivos (prueba de aptitud, concurso de méritos o seguimiento de cursos de formación con valoración de los resultados) y por libre designación del empresario.
- En el sistema de ascensos por méritos demostrados se observa una tendencia hacia la objetivación de las pruebas (concursos de méritos, exámenes, concurso-oposición) ante un tribunal compuesto por representantes de la empresa y de los propios trabajadores.
- Es frecuente también el establecimiento del régimen de "los tres turnos" rotatorios, esto es, que de cada tres plazas vacantes la primera se provea por antigüedad, la segunda por prueba de aptitud y la tercera por libre designación de la empresa.
- El sistema de ascensos por antigüedad suele reservarse a los puestos de trabajo menos cualificados, mientras el sistema de prueba objetiva se utiliza más para acceder a los puestos cualificados, si bien la antigüedad se utilice en ocasiones como un mérito más dentro de las pruebas objetivas o para desempatar entre dos candidatos al puesto. Y el sistema de libre designación empresarial se utiliza normalmente para ocupar los puestos de jefatura o de confianza del empresario (STS de 6 de julio de 1998).
- Podría resultar discriminatorio establecer distintos sistemas de ascensos dentro de un mismo grupo profesional de personas

trabajadoras, salvo que esa diferencia estuviese objetivamente justificada (STS de 6 de julio de 19989).

- Los ascensos se hacen a prueba, de tal manera que, si ésta no se supera, la persona trabajadora vuelve al puesto anterior, sin que la no superación de la prueba pueda ser causa de sanción alguna.
- Los ascensos no son automáticos ni obligatorios, sino que constituyen un derecho al que las personas trabajadoras pueden renunciar. Ahora bien, para el empresario, con la lógica salvedad del sistema de libre designación, son de aceptación obligatoria, no pudiendo rechazar un ascenso cuando concurran los requisitos previstos en la norma reguladora, siendo anulables aquellos contratos de personas trabajadoras externos violando las normas convencionales sobre ascensos (SS. TS de 20 de noviembre de 1992 o de 3 de febrero de 1993).
- Los ascensos están condicionados por la existencia de vacantes no amortizadas, siendo el empresario libre para amortizarlas o no.
- Los litigios sobre ascensos no se sustancian procesalmente a través del procedimiento especial de clasificación profesional del Art. 137 de la LJS (STS de 28 de junio de 1994) sino a través del procedimiento ordinario.

10. LA MOVILIDAD FUNCIONAL A INICIATIVA DEL TRABAJADOR

La ley prevé dos supuestos de movilidad funcional a iniciativa de la persona trabajadora por razones sociales en orden a la protección de aquellas personas trabajadoras que por diversas causas han visto disminuida su capacidad laboral o se han visto o pueden verse afectados físicamente por la realización del trabajo o por las condiciones en que éste se lleva a cabo, concediéndoseles un “derecho al cambio de funciones”:

1º) En primer lugar, el supuesto de capacidad disminuida de la persona trabajadora. En cumplimiento de lo previsto en la Ley

13/1982, de 7 de abril, de Integración Social de los Minusválidos, el RD 1451/1983, de 11 de mayo, regula el empleo selectivo y las medidas de fomento del empleo de las personas trabajadoras minusválidas.

Así, el RD prevé el caso de la persona trabajadora que, teniendo reconocida una incapacidad permanente parcial para su profesión habitual, conserva una capacidad residual que afecta al rendimiento normal en su puesto de trabajo. Para estos casos, el RD establece la posibilidad de una movilidad funcional por disminución de la capacidad de la persona trabajadora que puede implicar o no, según los casos, un cambio de centro de trabajo y de residencia de la persona trabajadora.

Si estas personas trabajadoras recuperaran la capacidad para su profesión habitual, tendrán derecho a reincorporarse a su puesto de trabajo si el que ocupara fuera de grupo profesional inferior y no hubiesen trascurrido más de tres años.

2º) En segundo lugar, el supuesto de disminución fisiológica de la persona trabajadora embarazada. El Art. 26 de la LPRL prevé en este sentido que la evaluación de riesgos deberá determinar los agentes, procedimientos o condiciones que puedan influir negativamente en la salud de las personas trabajadoras embarazadas, del feto o de las trabajadoras en situación parto reciente o de lactancia.

Cuando los resultados de la evaluación revelen riesgos, el empresario tendrá la obligación de adaptar el puesto de trabajo para evitar tales riesgos.

Si la adaptación del puesto no fuese posible y las condiciones del puesto de trabajo de la persona trabajadora pudieran influir negativamente en su salud o en la del feto y así lo certificase el médico del INSS o de la Mutua, la empresa tendrá la obligación de movilizar funcionalmente a la persona trabajadora a un puesto compatible con su estado.

La negociación colectiva también contempla diversas causas que justifican el cambio de funciones de la persona trabajadora, normalmente por motivos de salud (SS.TSJ de Castilla-León/Valladolid, de

26 de febrero de 2001 o de Baleares, de 22 de mayo, de 5 de julio o de 15 de octubre de 2001).

11. LA MOVILIDAD GEOGRÁFICA A INICIATIVA DE LA PERSONA TRABAJADORA

La ley prevé distintos supuestos de movilidad geográfica a iniciativa de la persona trabajadora por diferentes motivos:

1°) En primer lugar, el Art. 40.3 del ET establece que "si por traslado uno de los cónyuges cambia de residencia, el otro, si fuera trabajador de la misma empresa, tendrá derecho al traslado a la misma localidad, si hubiera puesto de trabajo" (el denominado "derecho de consorte").

Un análisis interpretativo del precepto legal arroja el siguiente resultado:

a) Se trata de un "derecho" pero no de un "derecho preferente", pudiendo plantearse conflictos de concurrencia con el derecho ostentado por otras personas trabajadoras (en los casos de traslados, ascensos o excedencias voluntarias).

b) La ley habla solamente de "traslados", si bien, pese a esta literalidad legal, en atención a la "ratio legis" pretendida (el reagrupamiento familiar), cabría defender la posibilidad de extender este "derecho de consorte" también a los "desplazamientos".

c) El derecho se atribuye a ambos cónyuges, debiendo entenderse aplicable a las parejas de hecho.

d) El derecho está limitado por la exigencia de que el cónyuge solicitante del traslado sea persona trabajadora en la misma empresa.

e) La ley condiciona el traslado a la existencia de puesto de trabajo en la localidad donde se trasladó al cónyuge. Como la Ley habla de "localidad" y no de "centro de trabajo", el derecho al traslado podría referirse a una vacante en otro centro de trabajo de la misma localidad o de una localidad cercana que permitiera el reagrupamiento familiar. Por las mismas razones, cabría solicitar una vacante de inferior grupo profesional al que tuviera, de no existir plaza vacante de su grupo profesional.

f) Finalmente, en la medida en que la Ley no habla de "traslados forzosos" sino de "traslados" en general, pese a estar ubicado este derecho en el Art. 40 del ET referido a los "traslados forzosos", cabría defender el derecho del consorte en todo tipo de traslados de su cónyuge (por ejemplo, en los traslados disciplinarios del trabajador). Así lo han entendido los Tribunales conforme el principio "ubi lex non distinguit, nec nos distinguere habemus" (STCT de 4 de junio de 1984).

2°) En segundo lugar, el Art. 40.3 del ET prevé la movilidad geográfica a iniciativa de la persona trabajadora en los casos de personas trabajadoras víctimas de la violencia de género o del terrorismo.

El precepto legal establece que las personas trabajadoras que tengan la consideración de víctimas de violencia de género o de víctimas del terrorismo (las personas que hayan sufrido daños físicos o psíquicos como consecuencia de la actividad terrorista, su cónyuge o persona que haya convivido con análoga relación de afectividad durante al menos los dos años anteriores y los hijos, tanto de los heridos como de los fallecidos, previo reconocimiento del Ministerio del Interior o de sentencia judicial firme o las personas amenazadas: Arts. 5 y 33 de la Ley 29/2011, de 22 de septiembre, de reconocimiento y protección integral a las víctimas del terrorismo y Disposición Adicional 14 del ET) que se vean obligadas a abandonar su puesto de trabajo en la localidad donde venían prestando sus servicios, para hacer efectiva para hacer efectiva su protección o su derecho a la asistencia social integral, tendrá derecho preferente a ocupar otro puesto de trabajo, del mismo grupo profesional o categoría equivalente (sic), que la empresa tenga vacante en cualquier otro de sus centros de trabajo.

En tales supuestos, la empresa estará obligada a comunicar a las personas trabajadoras las vacantes existentes en dicho momento o las que se pudieran producir en el futuro (Art. 40.4 del ET).

El traslado o el cambio de centro de trabajo tendrán una duración inicial de seis meses, durante los cuales la empresa tendrá la obligación de reservar el puesto de trabajo que anteriormente ocupaban las personas trabajadoras. Terminado este período, los trabajadores podrán optar entre el regreso a su puesto de trabajo anterior o la continuidad en el nuevo. En este último caso, decaerá la obligación de reserva (Art. 40.4 del ET).

3º) En tercer lugar, el Art. 40.5 del ET prevé la movilidad geográfica de las personas trabajadoras discapacitadas en tratamiento de rehabilitación.

Para hacer efectivo su derecho de protección a la salud, las personas trabajadoras con discapacidad, que acrediten la necesidad de recibir fuera de su localidad un tratamiento de habilitación o rehabilitación médico-funcional o atención, tratamiento u orientación psicológica relacionado con su discapacidad, tendrán derecho preferente a ocupar otro puesto de trabajo, del mismo grupo profesional, que la empresa tuviera vacante en otro de sus centros de trabajo en una localidad en que sea más accesible dicho tratamiento, en los mismos términos y condiciones establecidos para las personas trabajadoras víctimas de violencia de género y para las víctimas del terrorismo.

En tales supuestos, la empresa estará obligada a comunicar a las personas trabajadoras las vacantes existentes en dicho momento o las que se pudieran producir en el futuro.

El traslado o el cambio de centro de trabajo tendrá una duración inicial de seis meses, durante los cuales la empresa tendrá la obligación de reservar el puesto de trabajo que anteriormente ocupaban las personas trabajadoras.

Terminado este periodo, las personas trabajadoras podrán optar entre el regreso a su puesto de trabajo anterior o la continuidad en el nuevo. En este último caso, decaerá la obligación del empresario de reservar el anterior puesto de trabajo.

4ª) En cuarto lugar, algunos convenios colectivos establecen el denominado "derecho de permuta", que permite a dos personas trabajadoras ubicadas en centros de trabajo de distintas localidades intercambiar sus puestos de trabajo en interés de ambos.

III. LA MODIFICACIÓN DE LAS CONDICIONES CONTRACTUALES POR VOLUNTAD UNILATERAL DEL EMPRESARIO

12. LOS DISTINTOS SUPUESTOS LEGALES DE MODIFICACIÓN DE LAS CONDICIONES CONTRACTUALES POR VOLUNTAD UNILATERAL DEL EMPRESARIO

La modificación de las condiciones contractuales por voluntad unilateral del empresario viene reconocida legalmente en los distintos supuestos de movilidad funcional (Art. 39 del ET), de movilidad geográfica (Art. 40 del ET) y de modificación sustancial y no sustancial de las condiciones de trabajo contractuales (Art. 41 del ET).

III.1. LA MOVILIDAD FUNCIONAL

13. EL CONCEPTO LEGAL DE MOVILIDAD FUNCIONAL

Por movilidad funcional hay que entender el cambio de las funciones habitualmente prestadas por una persona trabajadora pactadas inicialmente en el contrato.

En un sentido delimitador, no hay que confundir la movilidad funcional con la movilidad geográfica, tratándose de dos supuestos distintos cuyos límites deberán ser contemplados acumulativamente cuando concurran a la vez. En este sentido, aunque para un sector de la jurisprudencia la movilidad funcional comprende los cambios de puesto de trabajo dentro de un mismo centro y los cambios de centro de trabajo que no exijan un cambio en la residencia de la persona trabajadora (SS.TS de 13 de noviembre de 1996 o de 6 de febrero de 1995), lo que se modifica no es la función a desempeñar sino el lugar donde se trabaja, debiendo por ello incluirse estos supuestos dentro de la movilidad geográfica.

La movilidad funcional tampoco debe confundirse con el poder del empresario de variar las condiciones técnicas del puesto de trabajo, a que se refiere el Art. 52 b) del ET al hablar de las causas objetivas de extinción del contrato de trabajo ("falta de adaptación del trabajador a las modificaciones técnicas operadas en su puesto de trabajo"). Los cambios tecnológicos en un puesto de trabajo no suponen un cambio en las funciones a realizar por las personas trabajadoras sino solamente una modificación de la forma de realizarlas.

Aunque no todas las modalidades de movilidad funcional por voluntad unilateral del empresario son propiamente modificaciones sustanciales de condiciones de trabajo —solamente la movilidad funcional extraordinaria prevista en el Art. 39.4 del ET— el régimen jurídico de la movilidad funcional del Art. 39 del ET difiere del régimen jurídico de las modificaciones no sustanciales de condiciones de trabajo, para las que el ordenamiento jurídico da plena libertad al empresario en base a su poder de dirección.

14. TRES CLASES DE MOVILIDAD FUNCIONAL POR VOLUNTAD UNILATERAL DEL EMPRESARIO

La ley contempla tres clases de movilidad funcional por voluntad unilateral del empresario, cada una de ellas con distintos límites legales en atención a la trascendencia de sus efectos sobre el trabajador movilizado:

1ª) La movilidad funcional dentro del mismo grupo profesional o " movilidad horizontal".

2ª) La movilidad funcional fuera del grupo profesional o "movilidad vertical".

3ª) La movilidad funcional "extraordinaria", esto es, la que excede de los límites del Art. 39 del ET y que se configura como una modificación sustancial de las condiciones de trabajo del Art. 41 del ET.

III.1.1. La movilidad funcional horizontal dentro del mismo grupo profesional

15. LA INEXIGENCIA LEGAL DE CAUSA JUSTIFICATIVA

En el caso de una movilidad funcional horizontal dentro del mismo grupo profesional (definido en el Art. 22.2 del ET como "el que agrupa unitariamente las aptitudes profesionales, titulaciones y contenido general de la prestación, y podrá incluir distintas tareas, funciones, especialidades profesionales o responsabilidades asignadas al trabajador") en el que se ha clasificado profesionalmente a la persona trabajadora en el momento de contratar, la ley no exige causa justificativa alguna al empresario que pretenda realizar este tipo de movilidad. Se trata de una mera manifestación del poder de dirección empresarial (Arts. 20 y 39.1 del ET).

Hay no obstante ocasiones en que los convenios colectivos establecen la exigencia de una causa objetiva, hablando de "necesidades del servicio" o de "necesidades de la organización o dirección".

En todo caso, haya o no referencia convencional a una causa objetiva, jugarán como límite de esta movilidad funcional horizontal los principios generales de la buena fe contractual del Art. 1258 del Código Civil y de no discriminación en las decisiones empresariales por las causas legalmente prohibidas en los Art. 14 de la Constitución y 4.2 c) y 17.1 del ET.

16. LA INEXIGENCIA LEGAL DE LÍMITES TEMPORALES

La ley tampoco establece un límite de tiempo para esta movilidad funcional horizontal, por lo que podrá ser temporal o indefinida, a voluntad del empresario.

17. LOS LÍMITES LEGALES A LA MOVILIDAD FUNCIONAL HORIZONTAL

Por razones de orden público, la ley establece imperativamente los siguientes límites a la movilidad funcional horizontal:

1º) En primer lugar, señala expresamente que la movilidad funcional de la persona trabajadora habrá de respetar "las titulaciones académicas o profesionales precisas para ejercer la prestación laboral" (Art. 39. 1 del ET).

Junto a estos títulos habría que situar también, por analogía, a aquellos permisos o licencias exigidos por la legislación estatal para desempeñar una determinada función. Casos típicos serían el permiso de conducir o la licencia de armas. Lo importante es que la legislación exija su posesión como condición "sine qua non" para habilitar profesionalmente.

Las titulaciones académicas exigidas por un convenio colectivo no impiden la movilidad funcional, aunque sí el ascenso, teniendo igualmente derecho a la retribución superior correspondiente (por todas, SS.TS de 20 de enero de 1994 o de 18 de septiembre de 2004).

En el supuesto extremo de un cambio de funciones ordenado por el empresario a una persona trabajadora que exigiera una titulación distinta de la exigida en el puesto de origen y que, no obstante, la poseyera, se plantea el problema de si el empresario puede ordenar lícitamente tal movilidad funcional. En este caso, la movilidad funcional no sería posible sin consentimiento de la persona trabajadora ya que la titulación juega como límite objetivo de la movilidad funcional sin que puedan tenerse en cuenta las eventuales titulaciones que la persona trabajadora pudiera poseer y que no hubieran sido utilizadas en el momento de contratar.

2º) En segundo lugar, la ley exige que la movilidad funcional se ejerza "con respeto a la dignidad del trabajador" (Art. 39.1 del ET). En el fondo, el Art. 39.1 del ET reitera lo dispuesto con carácter general en el Art. 4.2 e) del ET ("en la relación de trabajo los trabajadores tienen derecho a:...e) a la consideración debida a su dignidad"), debiendo entenderse ilegal la movilidad funcional cuando atente contra los derechos fundamentales de la persona trabajadora (derechos a la no discriminación, al honor, a la intimidad, a la propia imagen, al trabajo, etc.).

En este sentido, la STC de 11 de abril de 1994 amparó a un trabajador deshuesador de jamones que se negó a efectuar su trabajo públicamente con toma de fotografías en una Feria de Muestras por considerarlo atentatorio del derecho a la propia imagen.

3°) En tercer lugar, cuando la clasificación contractual no se haya hecho por remisión a un grupo profesional sino a una unidad clasificatoria menor (tales como las "tareas, funciones o especialidades profesionales") ex art. 22.2 ET o solamente a determinadas funciones de las que se incluyen en un grupo profesional, es dudoso si la exigencia empresarial de un cambio de funciones debe entenderse como una movilidad funcional "vertical" y no "horizontal" sujeta al régimen jurídico de aquella (causas, forma y tiempo) o como un supuesto de movilidad funcional extraordinaria que habrá de producirse por mutuo acuerdo de las partes, por el procedimiento del Art. 41 del ET o del por el establecido en el convenio colectivo aplicable.

18. EL TRATAMIENTO JURÍDICO DE LA MOVILIDAD FUNCIONAL HORIZONTAL

En cuanto al tratamiento jurídico de este tipo de movilidad funcional:

1°) El Art. 39.3 del ET establece que "no cabrá invocar las causas de despido objetivo de ineptitud sobrevenida o de falta de adaptación en los supuestos de realización de funciones distintas de las habituales como consecuencia de la movilidad funcional".

2°) Desde la perspectiva retributiva, el trabajador movilizado funcionalmente tendrá derecho "a la retribución correspondiente a las funciones que efectivamente realice, salvo en los casos de encomienda de funciones inferiores en los que mantendrá su retribución de origen" (Art. 39.3 del ET).

Este precepto, puesto en relación con el Art. 26.3 del ET, relativo a la consolidación salarial, arroja como resultado que los complementos salariales vinculados al trabajo realizado (incentivos o pluses de puesto de trabajo) dependerán de las nuevas funciones que realice, garantizándose únicamente el salario base y los complementos salariales personales, a salvo que por convenio colectivo o contrato individual hubiesen sido declarados consolidables (SS.TS de 23 de febrero de 1999 o de 7 de julio de 1999).

III.1.2. La movilidad funcional vertical fuera del grupo profesional

19. LAS CAUSAS JUSTIFICATIVAS

En el caso de una movilidad funcional vertical fuera del grupo profesional en que se ha clasificado profesionalmente al trabajador en el momento de contratar para la realización de funciones, tanto superiores como inferiores, la ley establece que "sólo será posible si existen...razones técnicas u organizativas que la justifiquen y por el tiempo imprescindible para su atención" (Art. 39.2 del ET), existiendo, por tanto, en este caso límites legales causales y temporales para la movilidad funcional.

20. LA COMUNICACIÓN DE LA DECISIÓN A LOS REPRESENTANTES DE LAS PERSONAS TRABAJADORAS

El empresario deberá comunicar su decisión y las razones de ésta a los representantes de las personas trabajadoras (Art. 39.2 del ET), cuyo incumplimiento no invalida la decisión empresarial si bien resultará merecedor de una sanción administrativa como infracción administrativa grave (Art. 7.7 de la LISOS).

21. EL SUPUESTO DE MOVILIDAD FUNCIONAL VERTICAL ASCENDENTE

En el caso de movilidad funcional vertical ascendente (encomienda de funciones superiores a las del grupo profesional):

a) Si la movilidad funcional dura un periodo superior a un cierto tiempo (el fijado libremente por convenio colectivo o, en su defecto, seis meses durante un año u ocho meses durante dos años: SS.TS de 1 de octubre y 12 de mayo de 2008), la persona trabajadora podrá reclamar el ascenso, si a ello no obsta lo dispuesto en el convenio colectivo o, en todo caso, la cobertura de la vacante correspondiente a las funciones por él realizadas conforme a las reglas en materia de ascensos aplicables en la empresa, sin perjuicio de reclamar la diferencia salarial correspondiente, siendo estas acciones acumulables y pudiendo reclamar ante la jurisdicción social contra la negativa de la empresa previo informe del comité de empresa o de los delegados de personal (Art. 39.2 del ET).

b) En cuanto a las retribuciones, la persona trabajadora tendrá derecho a la retribución de las funciones que efectivamente realice (Art. 39.3 del ET) desde el comienzo del desempeño de funciones superiores (STS de 30 de septiembre de 1992), siempre que sean distintas a las correspondientes a su grupo profesional y no cuando sean "equivalentes" diferenciándose por otros elementos (titulación de acceso o antigüedad) (STS de 17 de junio de 2010).

No es necesario que la persona trabajadora realice las funciones superiores de forma permanente y continuada para cobrar la retribución correspondiente a estas funciones superiores, bastando con que lo haga "de manera principal" (SS.TS de 12 de mayo de 2008 o de 2 de noviembre de 2009), ya que la realización habitual y continuada de funciones superiores solamente es exigida para el cumplimiento de los requisitos temporales para los ascensos o para la cobertura de la plaza (STS de 3 de julio de 2008).

No se tiene derecho a la retribución superior cuando se desempeñan funciones superiores sin la titulación legalmente exigida pero no si la exigencia de titulación es convencional (SS.TS de 18 de septiembre de 2004, de 10 de febrero o de 9 de marzo de 2016 o de 17 de julio de 2018) o empresarial (SS.TS de 17 de julio de 2018 o de 29 de enero de 2020). La doctrina jurisprudencial es en este sentido la siguiente:

> "Cuando el ejercicio de las funciones de una determinada actividad profesional se encuentra regulado por normas legales de carácter imperativo que para su desempeño exigen una determinada titulación académica, no es posible realizar válidamente, aun temporalmente, las tareas correspondientes sin estar en posesión de la debida titulación, en cuanto la norma imperativa prohíbe el ejercicio profesional si se carece de la misma y su violación puede entrañar un delito de intrusismo. En ese caso los servicios prestados por quien carece de la titulación oficial requerida no generan el derecho al reconocimiento de diferencia retributiva alguna pues la posesión de aquella constituye requisito ineludible de la propia identidad profesional.
> Cuando la exigencia de título para el acceso a determinadas categorías profesionales viene impuesta por convenio colectivo, sin constituir elemento legal necesario y habilitante para el ejercicio de las funciones, la carencia de la titulación convencionalmente prescrita impide el reconocimiento de la categoría superior al trabajador que realiza las funciones inherentes a la misma, pero no puede privarle de la percepción de las retribuciones correspondientes, pues en ese supuesto no es un interés público el que determina la exigencia de la titulación sino el designio de garantizar el nivel formativo que se considera más adecuado para el ejercicio de esa actividad, desprovisto de trascendencia social".

22. EL SUPUESTO DE MOVILIDAD FUNCIONAL VERTICAL DESCENDENTE

En el caso de una movilidad funcional vertical descendente, rigen las mismas normas que para la retribución en el caso de movilidad funcional horizontal descendente dentro del mismo grupo profesional, esto es, el trabajador tendrá derecho a la retribución de origen respecto del salario base y los complementos salariales personales, no respecto de los demás complementos salariales, para los que regirá lo dispuesto en el Art. 26.3 del ET sobre consolidación salarial (SS.TS 25 de febrero y de 7 de julio de 1999).

III.1.3. La movilidad funcional extraordinaria

23. EL CONCEPTO LEGAL DE MOVILIDAD FUNCIONAL EXTRAORDINARIA

El Art. 39.4 del ET establece que "el cambio de funciones distintas de las pactadas no incluido en los supuestos previstos en este artículo requerirá el acuerdo de las partes o, en su defecto, el sometimiento a las reglas previstas para las modificaciones sustanciales de condiciones de trabajo o a las que a tal fin se hubieran establecido en convenio colectivo". Y, en el mismo sentido, el Art. 41.1 del ET incluye entre las modificaciones sustanciales de las condiciones de trabajo al "cambio de funciones, cuando exceda de los límites que para la movilidad funcional prevé el Art. 39 del ET".

No resulta fácil identificar el supuesto a que se refieren estos dos preceptos. A mi juicio, probablemente, al supuesto de una movilidad funcional fuera del grupo profesional de carácter indefinido o permanente, total o parcial pero que altere sustancialmente las funciones que realice (SS.TS de 24 de mayo de 2012, de 24 de enero de 2017 o de 13 de julio de 2021)o, lo que es lo mismo, a una verdadera y propia "reclasificación profesional" (STS de 14 de abril de 2003).

En todo caso, no debe confundirse esta movilidad funcional extraordinaria constitutiva de una modificación sustancial de condiciones de trabajo con una movilidad funcional ordinaria que implicase al mismo tiempo, una modificación sustancial de otras condiciones de trabajo (jornada, horarios, turnos, etc.). En estos casos, el procedimiento a seguir sería el del Art. 41 del ET, por sus mayores garantías, si bien debiendo respetarse lo dispuesto en el Art. 39 del ET para los aspectos relativos a la movilidad funcional.

24. LOS DISTINTOS PROCEDIMIENTOS PARA REALIZAR UNA MOVILIDAD FUNCIONAL EXTRAORDINARIA

El Art. 39.4 del ET establece las distintas posibilidades mediante las que podrá realizar esta movilidad funcional extraordinaria:

a) En primer lugar, mediante un acuerdo novatorio individual con el trabajador ("acuerdo de las partes"), respetando las reglas generales de los contratos, cosa lógica ya que lo que se puede pactar "ab initio" entre las partes podrá más tarde ser modificado mediante pacto individual.

b) En segundo lugar, sometiéndose a las reglas previstas para las modificaciones sustanciales de condiciones de trabajo del Art. 41 del ET.

c) En tercer lugar, en la medida en que el procedimiento del Art. 41 del ET se encuentra "dispositivizado" en la ley (Art. 41.4 del ET), permitiéndose aquellos otros establecidos por la negociación colectiva, el Art. 39.4 del ET establece que el empresario podrá someterse a las reglas "que a tal fin se hubieran establecido en convenio colectivo".

En todo caso, la retribución del trabajador en los supuestos de movilidad funcional extraordinaria será la correspondiente a la nueva clasificación profesional de la persona trabajadora (STS 14 de abril de 2003).

III.1.4. La movilidad funcional parcial

25. EL SUPUESTO DE MOVILIDAD FUNCIONAL PARCIAL

Un supuesto muy frecuente en la práctica, no previsto legalmente de manera expresa, es el de una persona trabajadora movilizada para desempeñar funciones, superiores o inferiores, correspondientes o no a otro grupo profesional, sin dejar de desempeñar las funciones propias para el que se le contrató. Se trata del supuesto de una movilidad parcial o de una polivalencia funcional establecida por la vía de la movilidad funcional.

La finalidad es, con frecuencia, la de ganar flexibilidad en la definición del contenido funcional del puesto de trabajo, "saturando" la jornada de trabajo de esa persona trabajadora, ya que de seguir realizando solamente las funciones contratadas no cubriría la totalidad de la misma.

26. EL RÉGIMEN JURÍDICO APLICABLE A LA MOVILIDAD FUNCIONAL PARCIAL

El problema que se plantea en estos casos es el de conocer cuál es el régimen jurídico aplicable a esta movilidad funcional parcial y, muy concretamente, el de cuál sea la retribución básica a la que tendrá derecho esa persona trabajadora.

En todo caso, parece claro que no resulta de aplicación el "criterio de la prevalencia" establecido en el Art. 22.4 del ET para los supuestos de polivalencia funcional acordada "ab initio" por las partes en el contrato, por tratarse de un supuesto de polivalencia funcional impuesta unilateralmente por el empresario "a posteriori".

Ante el silencio de la ley y a falta de norma convencional o contractual aplicable más favorable a la persona trabajadora, una posible solución sería la de aplicar las reglas legales generales de la movilidad funcional, esto es, la de pagar en proporción al tiempo trabajado en cada una de las funciones que realiza, pese a las dificultades contables que esta solución sin duda conllevaría.

Ciertamente, nada hay en el Art. 39 del ET que impida hacer una interpretación amplia del precepto, refiriéndolo a todas las manifestaciones de la movilidad funcional, ya sean totales o parciales. Dado que la ley no distingue, habría que aplicar probablemente a los supuestos de movilidad funcional parcial las reglas aplicables a la movilidad funcional total.

Cabe entender, sin embargo, que para que sean aplicables las reglas del Art. 39.2 del ET referidas a la movilidad funcional descendente o ascendente, se exige que la asignación al puesto de trabajo sea total o plena y no parcial, pasando las nuevas funciones a ser el núcleo esencial de la actividad realizada por la persona trabajadora y que cuando el empresario exige la realización de tareas de otro grupo profesional de manera marginal, residual o no prevalente, no puede hablarse de un supuesto de movilidad funcional, sobre todo cuando se trata de la realización de funciones de otro grupo claramente instrumentales a las propias de su puesto de trabajo.

Esta última interpretación ha sido la avalada jurisprudencialmente por las siguientes Sentencias:

a) La STS de 31 de octubre 2005) determinó que no se produce movilidad funcional "...por el ejercicio marginal y meramente instrumental de funciones ajenas a la categoría..."

b) La STS de 20 de diciembre de 2007, analizando las reglas de movilidad funcional del Art. 39 del ET referidas a una reclamación de movilidad funcional ascendente, estableció que "para tener derecho a las retribuciones superiores, es necesario no sólo que el ejercicio de dichas funciones exceda a las que son atribuidas a su categoría profesional, sino que es necesario desarrollarlas en plenitud y no solo en parte."

c) La STSJ de Canarias/Las Palmas, de 23 de junio de 2000, en relación a un supuesto de presunta movilidad funcional descendente, determina que "...es evidente que no estamos en presencia de un supuesto de movilidad funcional total, sino de un supuesto de movilidad funcional parcial o polivalencia funcional no previsto legalmente, que es lo que se produce cuando un trabajador es movilizado para desempeñar funciones correspondientes o no a otro grupo profesional u otra categoría profesional no equivalente, superior o inferior, sin dejar de desempeñar las propias para que se le contrató."

d) La STSJ de Madrid, de 30 de junio de 1999 declaró la inexistencia de un supuesto de movilidad funcional descendente respecto de una persona trabajadora que "... tiene encomendada durante toda la jornada labores adecuadas a su nivel, excepto durante hora y media que debe de atender a un interno con una minusvalía..."

e) En idéntico sentido, se han expresado la doctrina judicial en las SS.TSJ de Castilla y León/Valladolid, de 25 de julio de 2003, de Aragón, de 21 de mayo de 2001 o del País Vasco, de 28 de septiembre de 1993.

III.1.5. La naturaleza jurídica del Art. 39 del ET

27. ¿SE TRATA DE UNA NORMA IMPERATIVA O DISPOSITIVA?

Existen dudas acerca de si el Art. 39 del ET constituye una norma mínima imperativa o una norma plenamente dispositiva cara a la negociación colectiva (no, desde luego, respecto de la contratación individual, en relación a la que se trata sin duda una norma mínima imperativa).

La doctrina judicial (por todas, SS.TSJ de Cataluña, de 25 de abril de 1997, de Galicia, de 6 de noviembre de 1997, de Andalucía/Sevilla, de 2 de diciembre de 1997 o de Navarra, de 23 de abril de 1998) y la mayor parte de la doctrina científica se han manifestado a favor del carácter imperativo mínimo del Art. 39 del ET.

Así pues, dado el carácter de norma mínima imperativa del Art. 39 del ET cara a la negociación colectiva, por convenio colectivo cabrá establecer otros límites a la movilidad funcional unilateral del empresario que vayan más allá de los límites legales o que los concreten, pero no que los eliminen.

Igualmente, por la misma razón, el contrato individual de trabajo podrá eventualmente incidir en el régimen jurídico de la movilidad funcional estableciendo otros límites a la misma, pudiendo llegar, incluso, a la prohibición de la movilidad funcional unilateral del empresario.

III.2. LA MOVILIDAD GEOGRÁFICA

28. EL CONCEPTO LEGAL DE MOVILIDAD GEOGRÁFICA

Por movilidad geográfica se entiende el cambio a un lugar de trabajo distinto del pactado contractualmente.

29. LOS DISTINTOS TIPOS DE MOVILIDAD GEOGRÁFICA

Desde la perspectiva de la causa de la decisión empresarial movilizadora, la movilidad geográfica a iniciativa del empresario puede ser por causas económicas, técnicas, organizativas o de producción, por causas disciplinarias o basadas en el poder de dirección empresarial.

Y, desde la perspectiva del lugar de trabajo, existen tres tipos de movilidad geográfica:

1ª) El simple cambio de puesto de trabajo dentro del mismo centro de trabajo.

2ª) El cambio de centro de trabajo que no exige cambio de residencia de la persona trabajadora.

3ª) El cambio de centro de trabajo que exige cambio de residencia de la persona trabajadora, cuya duración puede ser indefinida o superior a un año dentro de un periodo de tres (traslados) o inferior al año (desplazamientos).

III.2.1. La movilidad geográfica por causas económicas, técnicas, organizativas o de producción: los traslados

30. EL CONCEPTO LEGAL DE TRASLADO

El traslado viene definido en el Art. 40 del ET por las siguientes notas:

1ª) Se trata de un cambio de puesto de trabajo que implica un cambio a centro de trabajo distinto de la misma empresa. Por "centro de trabajo" habrá que entender, según el Art. 1.5 del ET, "la unidad productiva con organización específica, que sea dada de alta, como tal, ante la autoridad laboral".

Nada obsta a considerar también "traslado" a estos efectos a la circulación de trabajadores dentro de un grupo de empresas, negando la existencia de una cesión ilegal de personas trabajadoras, si bien de esta manera estaremos ante un supuesto de "plantilla única" o de "confusión de plantillas" dentro de las empresas del grupo, justificativa por tanto posteriormente del "levantamiento del velo de la personalidad jurídica" de las empresas componentes del mismo a los efectos de exigir responsabilidades futuras al grupo respecto de las obligaciones incumplidas por alguna de ellas.

Sin embargo, tanto la doctrina como la jurisprudencia se manifiestan de una forma confusa sobre esta cuestión. Así, mientras unos mantienen que no existe cesión ilegal de trabajadores por no existir una finalidad especulativa (STS de 26 de noviembre de 1990) pero que, no obstante, habrá una responsabilidad solidaria del grupo por analogía, otros creen que se trata de una cesión ilegal de personas trabajadoras a la vista de la literalidad del Art. 43.1 del ET que únicamente permite ceder personas trabajadoras a las empresas de trabajo temporal.

2ª) Habrá de tratarse de traslados excepcionales y no habituales. La ley excluye expresamente del concepto legal de traslado a estos efectos a aquellas personas trabajadoras contratados específicamente para ser trasladados, esto es, para realizar trabajos en *"centros de trabajo móviles o itinerantes"*. En estos casos, el cumplimiento normal del contenido de la obligación laboral consiste precisamente en desplazarse periódicamente, constituyendo la movilidad geográfica una circunstancia contractual dentro del poder de dirección del empresario. Así sucede, por ejemplo, en empresas de montaje, de instalaciones eléctricas, telefónicas o de obras públicas.

Los Tribunales han señalado que no es preciso que se indique en el contrato la posible itinerancia en el trabajo, bastando con la adscripción a un centro de trabajo itinerante por naturaleza (por todas, SS.TS de 19 de junio de 1995 o de 14 de mayo de 1996).

Si bien la típica dicción de estos contratos específicos responde a la siguiente cláusula —"estará adscrito a obras en todo el territorio nacional y extranjero"—, nada obsta para que se limiten a un ámbito territorial determinado (una comarca, una provincia, una comunidad autónoma, el territorio nacional), en cuyo caso la exclusión del régimen general de los traslados operaría dentro de los límites del ámbito territorial prefijado, pero, fuera de él, resultaría aplicable el Art. 40 del ET.

3ª) Ha de tratarse de un cambio de centro de trabajo que "exija cambio de residencia" de la persona trabajadora (por todas, SS.TS de

12 de febrero o de 22 de junio de 1990, de 16 de abril de 2003 o de 12 de julio de 2016).

Por "residencia" de la persona trabajadora habrá que entender el domicilio habitual de la persona trabajadora y no la residencia administrativa.

La ley deja sin embargo sin determinar cuándo un cambio de centro de trabajo "exige cambio de residencia del trabajador". Según la jurisprudencia (por todas, STS de 27 de diciembre de 1999), habrá que analizar cada una de las situaciones planteadas, atendiendo al criterio objetivo de si es o no razonable que la persona trabajadora cambie de domicilio con independencia de que posteriormente el trabajador lo haga o no.

Así, entrarán en al análisis elementos tales como el cambio de localidad del centro de trabajo, la lejanía del nuevo centro de trabajo del domicilio de la persona trabajadora, los medios de transporte facilitados por la empresa o las compensaciones que la empresa ofrezca en contrapartida al cambio.

Los convenios colectivos en ocasiones concretan, en este sentido, en un número de kilómetros determinado la distancia a partir de la cual se entiende que existe un traslado, aunque este criterio de la distancia no es definitivo, a juicio de la jurisprudencia, debiendo tener en cuenta todas las circunstancias concretas del caso (por todas, STS de 27 de diciembre de 1999). Así, tal necesidad de cambio de residencia existirá tanto "cuando resulte materialmente imposible el traslado diario al nuevo centro de trabajo como cuando resulte notablemente gravoso hacerlo" (STSJ de Madrid, de 19 de mayo de 1993).

4ª) Se trata de un cambio permanente. Este carácter permanente puede predicarse de dos tipos de cambio: de los cambios atemporales o indefinidos y de los cambios por tiempo determinado superior a doce meses en un periodo de referencia de tres años (Art. 40.4 del ET).

En base a este último criterio, la ley distingue el traslado del desplazamiento. La razón de ser de la consideración legal como traslados de los desplazamientos temporales superiores al año reside en la presunción de que tales desplazamientos exigen razonablemente del trabajador el traslado de la residencia familiar.

5ª) El régimen jurídico de los traslados del Art. 40 del ET resulta aplicable tanto a los efectuados dentro del territorio nacional como a los realizados en el extranjero (STS de 1 de julio de 1986). La ley no distingue a estos efectos, si bien en el contrato individual de trabajo podrá limitarse la facultad empresarial legalmente concedida de trasladar.

6ª) Finalmente, habrá de tratarse de un traslado forzoso. El traslado sigue siendo forzoso, aunque el trabajador pueda elegir destino (por todas, SS.TS de 22 de mayo de 1995 o de 16 de junio de 1997).

31. LAS CAUSAS JUSTIFICATIVAS DE LOS TRASLADOS

Los traslados habrán de estar justificados en "razones económicas, técnicas, organizativas o de producción", considerándose tales "las que estén relacionadas con la competitividad, productividad u organización técnica o del trabajo en la empresa, así como las contrataciones referidas a la propia actividad" que necesariamente han de realizarse en otro centro de trabajo de la empresa que exige un cambio de residencia (Art. 40.1 del ET).

El control judicial de la justificación causal del traslado vendrá referido no solamente a la existencia de ésta sino también a la razonable adecuación entre la causa alegada y el traslado producido, debiendo controlar también que la decisión empresarial no atente contra los derechos fundamentales del trabajador (SS.TS de 27 de enero de 2014, de 7 de julio de 2016 o de 8 de enero de 2020, referidas todas ellas a las modificaciones sustanciales de las condiciones de trabajo pero aplicables a los traslados)

32. EL RÉGIMEN DE LAS PRIORIDADES DE PERMANENCIA

Los representantes de las personas trabajadoras (miembros del comité de empresa, delegados de personal y delegados sindicales) tendrán prioridad de permanencia en sus puestos de trabajo, en el caso de traslados colectivos (Art. 40.5 del ET y 10.3 de la LOLS).

Mediante convenio colectivo o acuerdo alcanzado en el periodo de consultas se podrán establecer prioridades de permanencia a favor de personas trabajadoras de otros colectivos, *"tales como personas trabajadoras con cargas familiares, mayores de determinada edad o personas con discapacidad"* (Art. 40.5 del ET).

33. DOS CLASES DE TRASLADOS: INDIVIDUALES/ PLURALES Y COLECTIVOS

El Art. 40 del ET distingue entre los traslados individuales/plurales y los traslados colectivos, según afecten a menos o a más de un determinado número de personas trabajadoras según el número de personas trabajadoras de la empresa en un periodo determinado. Considera así traslados colectivos (Art. 40.2 del ET):

a) A los que afecten a la totalidad de un centro de trabajo (no necesariamente de toda la empresa), siempre que éste ocupe a más de cinco personas trabajadoras. Cuando queden afectados por los traslados varios centros de trabajo, de menos de cinco personas trabajadoras cada uno, no se considera traslado colectivo si el total de afectados no alcanza el umbral que se señala seguidamente (STS de 17 de enero de 2011).

b) Cuando sin afectar a la totalidad del centro de trabajo, en un periodo de noventa días comprenda a un determinado número de personas trabajadoras de la empresa, aunque pertenezcan a centros de trabajo distintos, de al menos:

    1) Diez personas trabajadoras en las empresas que ocupen menos de cien trabajadores.

    2) El 10 por 100 del número de personas trabajadoras de la empresa en aquellas que ocupen entre 100 y 300 trabajadores.

    3) Treinta personas trabajadoras en las empresas que ocupen más de 300 trabajadores.

Las personas trabajadoras a computar serán todas —fijas o temporales, comunes o especiales— y el momento para el cómputo de las personas trabajadoras, el de la iniciación de las medidas adoptadas.

La distinción legal entre traslados individuales/plurales y colectivos tiene interés por el distinto procedimiento a seguir para efectuarlos, que varía en uno y otro caso, siendo más exigente en los traslados colectivos que en los individuales/plurales.

Precisamente por ello, la propia ley (Art. 40.1, in fine del ET) prevé la posibilidad de que el empresario actúe en fraude de ley, cuando, con objeto de evitar el procedimiento del traslado colectivo, realiza traslados en periodos sucesivos de noventa días (los noventa días juegan tanto hacia el pasado como hacia el futuro: STSJ de Galicia, de 21 de noviembre de 1996) en número inferior a los umbrales legalmente establecidos "sin que concurran causas nuevas que justifiquen tal actuación" (STSJ de Cataluña, de 1 de octubre de 1996). Así pues, si los traslados poseen "causas nuevas", serán válidos. No hay duda de la dificultad de distinguir en un caso concreto si la causa de los nuevos traslados ya existía cuando se efectuaron los traslados anteriores: ¿sería, en este sentido, nueva la misma causa "agravada"?

Aunque la ley parece exigir una intencionalidad fraudulenta ("con el objeto de eludir"), la doctrina judicial no la viene exigiendo (por todas, SS.TSJ de Cataluña, de 1 de octubre de 1996 o de Cantabria, de 24 de marzo de 1997).

La ley declara en estos casos la nulidad de los traslados efectuados en fraude de ley, quedando afectados por la nulidad únicamente los "nuevos traslados" efectuados en esos periodos sucesivos, esto es, solo los últimos y no los anteriores (en contra, declarando la nulidad de todos los traslados, STSJ de Andalucía/Málaga, de 21 de mayo de 1997).

34. EL PROCEDIMIENTO DE LOS TRASLADOS INDIVIDUALES/PLURALES

En el caso de los traslados individuales/plurales bastará con la notificación de la decisión empresarial a la persona trabajadora o personas trabajadoras afectadas y a sus representantes legales con una antelación mínima de treinta días a la fecha de su efectividad (Art. 40.1 del ET).

En cuanto a la forma de la notificación, ésta debe ser escrita (Art. 8.5 del ET) y, en cuanto a su contenido, deberá tratarse de una orden de traslado fundamentada en alguna de las causas legales, para posibilitar la defensa procesal de la persona trabajadora en el caso de impugnación judicial de la misma.

35. EL PROCEDIMIENTO DE LOS TRASLADOS COLECTIVOS

En el caso de los traslados colectivos, la decisión empresarial deberá ir precedida de un periodo de consultas de duración no inferior a quince días, con los representantes legales de las personas trabajadoras, esto es, tanto los representantes unitarios como los sindicales, si bien la ley ha establecido la prioridad para intervenir como interlocutor de la empresa de las secciones sindicales "cuando éstas así lo acuerden, siempre que sumen la mayoría de los miembros del comité de empresa o entre los delegados de personal" (Art. 40.2 del ET).

En los supuestos de ausencia de representación legal de las personas trabajadoras, éstas podrán atribuir su representación a una comisión designada conforme a lo dispuesto en el Art. 41.4 del ET para las modificaciones sustanciales de condiciones de trabajo (ver supra).

El empresario y la representación legal de las personas trabajadoras podrán acordar en cualquier momento la sustitución del periodo de consultas por la aplicación del procedimiento de mediación o arbitraje que sea de aplicación en la empresa, que deberá desarrollarse dentro del plazo máximo de quince días (Art. 40.2 del ET).

Dicho periodo de consultas versará sobre las causas motivadoras de la decisión empresarial y la posibilidad de evitar o reducir sus efectos, así como sobre las medidas necesarias para atenuar sus consecuencias para las personas trabajadoras afectadas (Art. 40.2 del ET).

La apertura del periodo de consultas y las posiciones de las partes tras su conclusión deberán ser notificadas a la autoridad laboral para su conocimiento (Art. 40.2 del ET).

Durante el periodo de consultas, las partes están obligadas a negociar de buena fe "con vistas a la consecución de un acuerdo" (Art. 40.2 del ET).

El acuerdo requerirá la mayoría de los miembros del comité o comités de empresa, de los delegados de personal, en su caso, o de las representaciones sindicales, si las hubiere, que, en su conjunto, representen a la mayoría de aquellos (Art. 40.2 del ET).

Tras la finalización del periodo de consultas, el empresario notificará a las personas trabajadoras afectadas su decisión sobre el traslado, como en los traslados individuales/plurales, esto es, por escrito, con indicación de la causa y con una antelación mínima de treinta días a la fecha de su efectividad (Art. 40.2 del ET).

El incumplimiento del trámite procedimental del periodo de consultas provocará la nulidad de la decisión empresarial (por todas, SS.TSJ de Castilla-León/Valladolid, de 27 de mayo de 1997 o de Madrid, de 22 y 28 de mayo de 1998).

36. LOS EFECTOS DE LOS TRASLADOS

Notificada la decisión empresarial de traslado a las personas trabajadoras afectadas (tanto si se trata de traslados individuales/plurales como de traslados colectivos y, en este último caso, tanto si ha habido acuerdo en el periodo de consultas como si no lo ha habido), éstos tendrán el derecho de opción entre acatar el traslado o extinguir el contrato (Art. 40.1 y 2 del ET). El plazo para ejercitar la acción de impugnación será de veinte días hábiles a computar tras la notificación del traslado (Art. 59.4 del ET), y, respecto a la acción resolutoria, será el general de prescripción de un año fijado por el Art. 59.1 ET (STS de 29 de octubre de 2012).

La opción resolutoria es también posible con posterioridad a la sentencia que hubiera declarado en su caso justificada la decisión empresarial, con base en el derecho constitucional a la tutela judicial efectiva del Art. 24 de la Constitución (STS de 21 de diciembre de 1999). Esta alternativa queda expresamente recogida en la actual redacción del Art. 138.7 de la LJS, al fijar el derecho del trabajador a extinguir el contrato, en los quince días siguientes a la sentencia que declare el carácter justificado del traslado.

La persona trabajadora podrá optar por extinguir extrajudicialmente su contrato, comunicándolo al empresario, con derecho a una indemnización de veinte días de salario por año de servicio, prorrateándose los periodos de tiempo inferiores a un año y con un máximo de doce mensualidades (Art. 40.1 del ET). Esta cuantía tiene el carácter de mínimo imperativo, pudiendo, por ello podrá ser mejorada por pacto colectivo o individual.

En el caso de optar por acatar el traslado, la persona trabajadora tendrá derecho a la compensación de los gastos del mismo, propios y de los familiares a su cargo, "en los términos que se convengan entre las partes, que nunca será inferior a los límites mínimos establecidos en los convenios colectivos" (Art. 40.1 del ET). En cualquier caso, los convenios colectivos no podrán disponer del derecho a la compensación legal en caso de traslado (STS de 8 de junio de 1998). De no existir ni acuerdo colectivo ni individual, el Tribunal decidirá discrecionalmente.

En los convenios colectivos suelen concretarse estos gastos, refiriéndose a los gastos de locomoción personal y familiar, al transporte del mobiliario, ropa y demás enseres del hogar y, en ocasiones, también a indemnizaciones o gratificaciones extraordinarias por motivo del traslado e, incluso, a la facilitación de vivienda.

En cuanto a los salarios y demás condiciones de trabajo devengadas en el nuevo centro de trabajo, habrá que estar a lo que disponga el convenio colectivo aplicable en éste, en el caso de que rigiese otro distinto al aplicable en el centro de proveniencia, salvo pacto, colectivo o individual, en contrario, debiendo respetar en todo caso las condiciones más beneficiosas de origen contractual. Ahora bien, en el caso de que concurra con el desplazamiento con una movilidad funcional o con una modificación sustancial de condiciones de trabajo, habrá que estar también a lo dispuesto en los Arts. 39 y 41 del ET.

En el caso de acatamiento del traslado, caben a su vez dos situaciones posibles: que la persona trabajadora esté conforme con el traslado o que esté disconforme con el mismo.

En el caso de disconformidad de la persona trabajadora con la decisión empresarial de traslado, sin "ius resistentiae" alguno ("sin perjuicio de la ejecutividad del traslado en el plazo de incorporación citado", esto es, de 30 días; si bien un sector de la doctrina ha postulado la posibilidad de aplicar la tutela cautelar del Art. 1428 de la LEC, pudiendo solicitar la persona trabajadora la suspensión de la decisión empresarial mientras se resuelve la impugnación judicial de la misma), podrá recurrir la persona trabajadora ante la jurisdicción laboral competente, sin que la impugnación judicial del traslado excluya la posterior extinción del contrato con derecho de indemnización (ver supra).

El acuerdo entre la empresa y los representantes de las personas trabajadoras en el periodo de consultas se entenderá sin perjuicio del derecho de las personas trabajadoras afectadas de optar por impugnar judicialmente la decisión empresarial de traslado (Art. 40.2 del ET).

El procedimiento a seguir será el especial del Art. 138 de la LJS, pudiendo ser el fundamento de la impugnación, bien la falta de causa, bien el incumplimiento del procedimiento legalmente establecido para los traslados colectivos, la existencia de fraude de ley en los términos antes indicados (ver supra) o no haber respetado la empresa el derecho de prioridad de permanencia de los colectivos de personas trabajadoras con tal derecho.

En el caso de obtener una sentencia declarando injustificada la decisión empresarial de traslado, la persona trabajadora podrá reclamar de la empresa los daños y perjuicios ocasionados (STS de 2 de junio de 2008).

Contra las decisiones empresariales de traslados colectivos podrá reclamarse por el procedimiento especial de conflicto colectivo.

La interposición del conflicto colectivo paralizará la tramitación de las acciones individuales iniciadas hasta su resolución (Art. 40.2

del ET), desplegando efectos de cosa juzgada sobre el proceso individual (Art. 138.4 de la LJS).

III.2.2. Los traslados totales o parciales de un centro de trabajo

37. EL RÉGIMEN JURÍDICO DE LOS TRASLADOS TOTALES O PARCIALES DE UN CENTRO DE TRABAJO

Los traslados totales o parciales (de un departamento o de una sección) de un centro de trabajo, pudiendo implicar o no un cambio en la residencia de las personas trabajadoras afectadas, no vienen contemplados expresamente por el Art. 40 del ET. Únicamente, el Art. 64.5 c) del ET establece el derecho del comité de empresa (y de los delegados de personal) a emitir informe previo a la ejecución empresarial de una decisión de "traslado total o parcial de las instalaciones".

En todo caso, a salvo lo que pudieran disponer los convenios colectivos, su régimen jurídico será el siguiente:

a) La decisión en sí, de trasladar, total o parcialmente, un centro de trabajo pertenece al empresario, con la única limitación prevista en el Art. 64.5 c) del ET, acerca del derecho a ser informados preceptivamente de los representantes unitarios del personal, si bien su opinión no será vinculante para el empresario.

b) Su régimen jurídico dependerá de los efectos producidos por el traslado del centro. Habrá que estar en este sentido a la naturaleza de la movilidad geográfica que ese traslado de centro provoque en el personal. De esta manera, si el traslado del centro implica cambio en la residencia de las personas trabajadoras, habrá que seguir el procedimiento y efectos de los traslados previstos en el Art. 40 del ET. En caso contrario, habrá que estar a lo que disponga la norma convencional correspondiente y, en su defecto, el supuesto quedará configurado dentro del poder de dirección empresarial.

Habrá que recordar en este sentido que el Art. 40.2 del ET considera "traslado colectivo", exigiendo por tanto el previo periodo de consultas con los representantes de las personas trabajadoras, "cuando afecte a la totalidad del centro de trabajo, siempre que éste ocupe a más de cinco trabajadores".

III.2.3. La movilidad geográfica por causas económicas, técnicas, organizativas o de producción: los desplazamientos

38. EL CONCEPTO LEGAL DE DESPLAZAMIENTO Y SU RÉGIMEN JURÍDICO

El Art. 40.4 del ET señala las notas distintivas del concepto legal del desplazamiento:

1ª) Ha de tratarse de cambios de centro de trabajo "que exijan que (los trabajadores) residan en población distinta de la de su domicilio habitual".

2ª) El cambio ha de ser temporal: el desplazamiento no puede ser superior a un año en un periodo de referencia de tres, considerándose legalmente traslado el desplazamiento que supera este tiempo.

3ª) El ET no distingue entre desplazamientos dentro o fuera del territorio nacional (STS de 1 de Julio de 1986, Ar/3917), si bien los desplazamientos dentro del ámbito europeo están regulados específicamente por la Directiva 96/71/CE, de 16 de diciembre y por la Ley 45/1999, de 29 de noviembre, que regula los desplazamientos de trabajadores en el marco de una prestación de servicios transnacional (ver *infra*).

4ª) Los desplazamientos han de ser excepcionales y no habituales. Al igual que sucede con los traslados, quedan excluidos los desplazamientos realizados por razón del trabajo contratado en empresas con centros de trabajo móviles o itinerantes (STS de 14 de octubre de 2004).

5ª) Los desplazamientos habrán de estar justificados en "razones económicas, técnicas, organizativas o de producción o por contrataciones referidas a la actividad empresarial", siendo de aplicación lo ya señalado para los traslados.

6ª) Los representantes legales de las personas trabajadoras (unitarios y sindicales) tendrán prioridad de permanencia en sus puestos de trabajo en el caso de desplazamientos colectivos y también aquellos otros colectivos de personas trabajadoras que por convenio colectivo se hayan equiparado a ellos (Art. 40.5 del ET).

7ª) Para los desplazamientos, sin distinción entre colectivos o individuales/plurales, bastará con la notificación por escrito a las personas trabajadoras afectadas de la decisión empresarial, indicando en la notificación la causa alegada por la empresa (STSJ de Cataluña, de 29 de septiembre de 1992) y la especificación de la población a la que se le desplaza, concretando su duración y haciéndole ofrecimiento de los gastos de viaje y dietas (STS de 5 de junio de 1990).

8ª) La persona trabajadora deberá ser informada de su desplazamiento con una antelación "suficiente a la fecha de su efectividad", que no podrá ser inferior a cinco días laborables en el caso de desplazamientos de duración superior a tres meses (Art. 40.4 del ET).

9ª) La persona trabajadora está obligada a aceptar la orden empresarial de desplazamiento, si bien, en caso de disconformidad con la misma, "sin perjuicio de su ejecutividad", tendrá derecho a su impugnación judicial ante la jurisdicción social a través del procedimiento especial del Art. 138 de la LJS.

No obstante, cabe mantener la jurisprudencia anterior a la reforma del ET de 1994, que llegó a admitir excepcionalmente la existencia de un "ius resistentiae" en la persona trabajadora en determinadas circunstancias en el caso de órdenes de desplazamiento gravemente irregulares. Así, en el caso de una orden empresarial de desplazamiento conminando a la persona trabajadora a realizar el viaje 24 horas después de su anuncio (STS de 19 de febrero de 1985), en el caso en que la empresa no había facilitado a la persona trabajadora los gastos de viaje (STSJ de Castilla-León/Valladolid, de 27 de abril de 1993) o en el caso de desplazamientos que, superando el plazo de un año autorizado por la ley, se pretende se realice durante las vacaciones (STCT de 1 de octubre de 1985).

En todo caso, no parece que la desobediencia por la persona trabajadora a una orden empresarial de desplazamiento gravemente irregular sea causa de despido (STSJ de Andalucía/ Sevilla, de 17 de junio de 1991).

10ª) El desplazamiento de la persona trabajadora viene compensado por la ley mediante el establecimiento de una serie de obligaciones empresariales:

a) El empresario está obligado a pagar los gastos de viaje y las dietas (gastos de alojamiento y de manutención), cuantificados por el convenio colectivo aplicable o, en su defecto, por el tribunal discrecionalmente a falta de acuerdo individual.

b) Cuando el desplazamiento fuese superior a tres meses, la persona trabajadora tendrá derecho a un permiso retribuido (STCT de 22 de marzo de 1982) de cuatro días laborables de estancia en su domicilio de origen por cada tres meses de desplazamiento, sin computar como tales los de viaje, cuyos gastos correrán a cargo del empresario. Estos días de permiso podrán acumularse en periodos más amplios e, incluso, ser compensados en metálico (STSJ de Madrid, de 19 de septiembre de 1989).

c) En todo caso, el desplazamiento no tendrá que respetar las condiciones laborales y salariales disfrutadas con anterioridad con base en el anterior convenio colectivo aplicable en el centro de proveniencia —no así las condiciones más beneficiosas de origen contractual— salvo pacto colectivo o individual en contrario. Ahora bien, en el caso de que concurra con el desplazamiento con una movilidad funcional o con una modificación sustancial de condiciones de trabajo, habrá que estar también a lo dispuesto en los Arts. 39 y 41 del ET.

39. LOS DESPLAZAMIENTOS EN EL MARCO DE PRESTACIONES DE SERVICIOS TRANSNACIONALES DENTRO DEL ÁMBITO EUROPEO

Los desplazamientos temporales de las personas trabajadoras dentro de la Unión Europea se encuentran regulados por las normas comunitarias (directivas y reglamentos) y por las leyes de desarrollo interno de los distintos Estados miembros.

Las principales Directivas aplicables son la Directiva 96/71 de 1996, modificada por la Directiva 2018/957 de 2018 y la Directiva 2014/67 de 2014, sobre desplazamientos temporales.

El ámbito de aplicación territorial de la Directiva 96/71, basándose no en la libertad de circulación de personas trabajadoras sino en la libertad de prestación de servicios en el marco comunitario (evitar el *"dumping social"* entre los Estados miembros) y pretendiendo la homogeneización de las diversas condiciones de trabajo en las prestaciones de servicios intracomunitarios, resulta de aplicación a las empresas establecidas en un Estado miembro de la Unión Europea que, en el marco de una prestación de servicios transnacional, desplacen personas trabajadoras al territorio de otro Estado miembro o de un Estado firmante del *"Acuerdo sobre el Espacio Económico Europeo"* de 1992 (Noruega, Islandia y Liechtenstein).

No obstante, con base en su Art. 1.4 (*"las empresas establecidas en un Estado que no sea miembro no deberán obtener un trato más favorable que las empresas establecidas en un Estado miembro"*) la Directiva resulta también aplicable a las empresas domiciliadas en un Estado no miembro que desplacen trabajadores temporalmente a un Estado miembro.

Su ámbito de aplicación material se refiere a toda prestación de servicios transnacional que implique un desplazamiento de personas trabajadoras, cualquiera que sea el sector económico de que se trate, aplicándose al sector del transporte por carretera, pero no al sector de la navegación.

La Directiva se refiere a tres tipos de desplazamientos distintos:

1º) A los desplazamientos de personas trabajadoras en el marco de una contrata mercantil de obras y servicios celebrada entre la empresa contratista y la empresa destinataria de la prestación de servicios.

2º) A los desplazamientos de personas trabajadoras a un establecimiento o empresa del mismo grupo al que pertenece la empresa de la persona trabajadora desplazada.

3º) A los desplazamientos de personas trabajadoras temporales por empresas de trabajo temporal o agencias de colocación para desarrollar su trabajo en una empresa usuaria ubicada en otro Estado miembro.

La finalidad de la Directiva 96/71 es la de *"establecer que a los trabajadores desplazados en el marco de una prestación de servicios transnacional les sea de aplicación, como mínimo imperativo, la normativa del Estado miembro al que se les desplaza en una serie de materias, garantizando así un clima de competencia leal —entre los países comunitarios— y el respeto de los derechos de los trabajadores"*.

Así, las empresas garantizarán a las personas trabajadoras desplazadas, sobre la base del *"principio de igualdad de trato"*, las condiciones de trabajo que en el Estado miembro donde se efectúe el trabajo estén establecidas por disposiciones legales, reglamentarias o administrativas y por los convenios colectivos y laudos arbitrales de aplicación general y que se refieran a una serie de materias, consideradas el *"núcleo duro del contrato individual de trabajo"*:

a) Los períodos máximos de trabajo y los períodos mínimos de descanso.

b) La duración mínima de las vacaciones anuales retribuidas.

c) La remuneración. a los efectos de la Directiva, el concepto de remuneración vendrá determinado por la legislación del Estado miembro en cuyo territorio esté desplazado la persona trabajadora y comprenderá todos los elementos constitutivos de la remuneración obligatorios en virtud de las disposiciones legales, reglamentarias o administrativas nacionales o de los convenios colectivos o los laudos arbitrales.

d) Las condiciones de desplazamiento de los trabajadores y, en particular por parte de las empresas de trabajo temporal.

e) La salud, la seguridad y la higiene en el trabajo.

f) Las medidas de protección aplicables a las condiciones de trabajo y de empleo de las mujeres embarazadas o que hayan dado a luz recientemente, así como de los niños y de los jóvenes.

g) La igualdad de trato entre hombres y mujeres y otras disposiciones en materia de no discriminación (por razón del origen, estado civil, edad, raza, condición social, ideas religiosas o políticas, afiliación o no a un sindicato, lengua, etc.).

h) Las condiciones de alojamiento de las personas trabajadoras.

i) Los complementos o los reembolsos en concepto de gastos de viaje, alojamiento y manutención.

Por otra parte, la Directiva permite que los Estados miembros impongan condiciones de trabajo referidas a materias distintas de las enumeradas anteriormente cuando se trate de disposiciones de orden público (Art. 3.10).

En todo caso, la aplicación de las reglas anteriores de la Directiva no impide que las empresas apliquen a sus personas trabajadoras desplazadas condiciones de trabajo y empleo más favorables.

A los efectos de la Directiva, el concepto de *"trabajador"* es el que sea aplicable en el Estado miembro en cuyo territorio la persona trabajadora esté desplazada (Art. 2.2).

Por otra parte, la Directiva no exige que el *"trabajador desplazado"* —sea comunitario o extracomunitario—, siendo irrelevante la nacionalidad de la persona trabajadora y que tenga un vínculo contractual con la empresa anterior al desplazamiento, pudiendo tratarse también de una persona trabajadora contratada *ad hoc* para ser desplazada (según ha manifestado la jurisprudencia comunitaria).

En cuanto al concepto de *"desplazamiento temporal"*, la Directiva no establece una duración precisa, máxima o mínima, del *"desplazamiento"* para calificarlo de *"temporal"*, hablando de *"un periodo limitado"* (Art. 2.1) y contrario al de un *"trabajo habitual"* e identificándose en la práctica la duración del desplazamiento con la duración de la obra o servicio encomendados.

En todo caso, la Directiva distingue entre los desplazamientos temporales inferiores a doce meses y los de duración superior a los doce meses, estableciendo para estos últimos una garantía de trato igual superior referida a *"todas las condiciones de trabajo aplicables que estén establecidas en el Estado miembro donde se efectúe el trabajo"*.

La Directiva 2014/67 viene a establecer una serie de medidas para evitar abusos y elusiones —la existencia de las denominadas *empresas buzón u offshore*— y señala una serie de criterios para determinar la existencia real de un desplazamiento temporal en el sentido de la Directiva 96/71.

La Directiva 69/71 establece una serie de reglas de cooperación entre los distintos estados miembros:

1ª) En materia de información.

2ª) En materia de vigilancia, control y ejecución (Art. 5)

3ª) Y en materia de medidas judiciales.

La posterior Directiva 2014/67 ha venido a establecer una serie de medidas complementarias:

1) Medidas tendentes a facilitar el suministro de información entre los Estados de origen y de acogida.

2) Medidas tendentes a facilitar la cooperación administrativa entre ambos.

3) Medidas de acompañamiento.

4) Medidas tendentes a facilitar sistemas de control.

5) Medidas para la defensa de los derechos de aos personas trabajadoras desplazadas facilitando las denuncias y el pago de los atrasos.

6) Medidas para posibilitar el establecimiento de responsabilidades en las cadenas de subcontratación.

7) Medidas para la ejecución transfronteriza de las sanciones y multas administrativas.

La normativa interna española de conflicto en materia laboral se encuentra en la Ley 45/1999, de 29 de noviembre, sobre el desplazamiento de personas trabajadoras en el marco de una prestación de servicios transnacional, Ley que viene a trasponer la Directiva 96/71.

La Ley 45/1999 (modificada por el Real Decreto-ley 7/2021, de 27 de abril) tiene por objeto establecer las condiciones mínimas de trabajo que los empresarios deben garantizar a sus personas trabajadoras desplazadas temporalmente a España en el marco de una prestación de servicios transnacional (en ejecución de una contrata, a un centro de trabajo de la propia empresa o a otra empresa del mismo grupo y por una empresa de trabajo temporal).

Esta Ley se aplica a las empresas establecidas en un Estado miembro de la Unión Europea o en un Estado signatario del Acuerdo sobre el Espacio Económico Europeo que desplacen temporalmente a sus personas trabajadoras a España en el marco de una prestación de servicios transnacional, con exclusión de las empresas de la marina mercante respecto de su personal navegante.

Los empresarios deben garantizar, con carácter mínimo a sus personas trabajadoras las siguientes condiciones de trabajo previstas en las disposiciones legales o reglamentarias y en los convenios colectivos y laudos arbitrales aplicables en el lugar y en el sector o rama de actividad de que se trate:

a) El tiempo de trabajo.

b) La cuantía mínima del salario prevista en las disposiciones legales o reglamentarias o en los convenios colectivos y laudos arbitrales aplicables en el lugar y en el sector de actividad de que se trate.

c) La igualdad de trato y la no discriminación directa o indirecta por razón de sexo, origen, incluido el racial o étnico, estado civil, edad, condición social, religión o convicciones, ideas políticas, orientación sexual, afiliación o no a un sindicato y a sus acuerdos, vínculos de parentesco con otras personas trabajadoras en la empresa, lengua o discapacidad.

d) El trabajo de los menores.

e) La prevención de riesgos laborales.

f) La no discriminación de las personas trabajadoras temporales y a tiempo parcial.

g) El respeto de la intimidad y la consideración debida a la dignidad de las personas trabajadoras.

h) La libre sindicación y los derechos de huelga y de reunión. este es un derecho que no incluía en su listado la directiva comunitaria.

i) Las condiciones de la cesión de personas trabajadoras.

j) Las condiciones de alojamiento de las personas trabajadoras.

k) Las dietas o los reembolsos para cubrir los gastos de viaje, alojamiento y manutención.

Para asegurar el cumplimiento de esta Ley, el empresario que desplace personas trabajadoras a España en el marco de una prestación de servicios transnacional deberá comunicar el desplazamiento antes de su inicio y con independencia de su duración, a la autoridad laboral española competente.

La Autoridad Laboral debe poner en conocimiento de la Inspección de Trabajo y Seguridad social y de la Agencia Estatal de Administración Tributaria, a los efectos oportunos, las comunicaciones de desplazamiento que hubiera recibido.

La Inspección de Trabajo y Seguridad Social puede dirigirse, recabando la cooperación y asistencia que pudieran necesitar para el eficaz ejercicio de sus competencias, a las Administraciones Públicas de otros Estados.

La Dirección General de la Inspección de Trabajo y de la Seguridad Social ha establecido unos criterios técnicos para la aplicación por parte de la inspección de trabajo de la ley 45/1999.

Finalmente, la autonomía de la voluntad de las partes podría jugar un papel importante en el caso de un acuerdo de desplazamiento o de traslado firmado entre una persona trabajadora y su empresario, estableciéndose un *"acuerdo atributivo de jurisdicción"* o acordando someter los conflictos a los procedimientos extrajudiciales de solución de los conflictos de un determinado país.

III.2.4. La movilidad geográfica por causas disciplinarias

40. LAS PREVISIONES CONVENCIONALES DE MOVILIDAD GEOGRÁFICA POR RAZONES DISCIPLINARIAS Y SU RÉGIMEN JURÍDICO

Los convenios colectivos, configuran en ocasiones la movilidad geográfica como una sanción disciplinaria, yendo desde el simple cambio de puesto de trabajo dentro de un centro, pasando por el cambio de centro de trabajo sin cambio de residencia del trabajador y llegando hasta el traslado.

Para este tipo de movilidad geográfica no resulta de aplicación lo dispuesto en el Art. 40 del ET (SS.TS de 25 de mayo de 1987 y de 14 de julio de 1989; STSJ de Cataluña, de 8 de mayo de 2009), debiendo estar a lo que disponga el correspondiente convenio colectivo en cuanto a los gastos de traslado propios, de familiares y de los bienes.

Por lo que se refiere a las condiciones de trabajo y salariales en el nuevo puesto de trabajo, habrá que estar a lo que disponga el convenio colectivo aplicable en el nuevo centro de trabajo, respetando en todo caso las condiciones más beneficiosas de origen contractual.

Las sanciones impuestas serán impugnables judicialmente ante la jurisdicción social competente a través del procedimiento especial de impugnación de sanciones de los Arts. 114 y 115 de la LJS.

III.2.5. La movilidad geográfica dentro del poder de dirección empresarial

41. LOS CAMBIOS DE PUESTO DE TRABAJO DENTRO DEL MISMO CENTRO Y LOS CAMBIOS DE CENTRO SIN CAMBIO DE RESIDENCIA DE LA PERSONA TRABAJADORA

Dentro de la movilidad geográfica, existen dos supuestos que quedan dentro del poder de dirección unilateral del empresario dado su carácter no sustancial:

a) De un lado, los cambios de puesto de trabajo dentro del mismo centro.

b) De otro, los cambios de centro de trabajo que no implican cambio en la residencia de la persona trabajadora.

El simple cambio de puesto de trabajo dentro de los límites del centro de trabajo, tanto el provisional como el permanente, permanece extramuros del Art. 40 del ET, quedando configurado en nuestro ordenamiento dentro de la esfera de actuación del "ius variandi" empresarial. Estos supuestos deben entenderse incluidos en el "ejercicio regular de las facultades directivas" del empresario a que se refieren los Arts. 5 c) y 20,1 del ET, sin más límites que los que pudiera eventualmente establecer un convenio colectivo.

La movilidad geográfica del personal que atraviesa los límites del centro de trabajo pero que no implica un cambio en la residencia de la persona trabajadora afectada, ya sea temporal o permanente, es contemplada por nuestro ordenamiento con parecido criterio que en el caso del simple cambio de puesto dentro del mismo centro de trabajo. Estos supuestos se encuentran excluidos del Art. 40 del ET y reconducidos, a falta de norma convencional más favorable al trabajador, al "ius variandi" empresarial al que se refieren los Arts. 5 c) y 20.1 del ET (por todas, SS.TS de 12 de febrero de 1990 o de 22 de junio de 1990). Se denominan movilidades geográficas "débiles" o no sustanciales.

Ello no obstante, en la medida en que este tipo de movilidad geográfica puede producir efectos negativos en la persona trabajadora afectada —un aumento en la jornada laboral efectiva o de los costos de transporte derivados de una normalmente mayor lejanía del centro de trabajo de su domicilio o, incluso, un cambio en las condiciones de trabajo y salariales convencionales en el caso de existencia de otro convenio colectivo aplicable en el nuevo centro de trabajo— en el convenio colectivo o en el propio contrato individual de trabajo podría establecerse un régimen jurídico limitativo del poder directivo empresarial o una compensación por el alejamiento sufrido (por todas, STS de 19 de abril de 2004). En todo caso, a falta de pacto colectivo o individual en tal sentido, el cambio de centro que no implique cambio de residencia no da derecho a la obtención de ningún tipo de compensación en favor de la persona trabajadora (SS.TS de 19 de abril de 2004 y de 26 de abril de 2006).

III.3. Las modificaciones no sustanciales de las condiciones de trabajo contractuales

42. LAS MODIFICACIONES NO SUSTANCIALES Y EL PODER DE DIRECCIÓN EMPRESARIAL

El empresario tiene reconocido por el ordenamiento jurídico un poder de dirección que se concreta, entre otros aspectos, en un "ius variandi" o poder de modificación no sustancial de las condiciones de trabajo contractuales. Este poder de variación no es otra cosa que un poder de especificación o de concreción de las necesariamente genéricas prestaciones laboral y salarial a la vista de las nuevas circunstancias que pueden surgir a lo largo de la vigencia de la relación laboral.

Este poder de dirección se encuentra regulado por las leyes, los convenios colectivos y por el propio contrato individual de trabajo. De tal manera que podría afirmarse que la modificación de aquellas condiciones que no hubieran sido normativizadas o contractualizadas pertenecerían a la esfera del poder de dirección empresarial.

Naturalmente, como ha indicado la jurisprudencia, "el ius variandi... no puede entenderse como una facultad arbitraria y omnímoda, sino que se encuentra sometida a determinadas limitaciones, debiendo utilizarse con el máximo respeto a los derechos del trabajador y a su dignidad humana, y sin perjuicio para él, o con la compensación adecuada cuando el ejercicio de tal potestad resulte inevitable, y sin que pueda exceder de lo que las normas legales y los principios generales inspiradores del derecho del trabajo imponen..." (STS de 19 de enero de 1984).

El fundamento jurídico positivo de este poder de dirección empresarial se encuentra en los Arts. 5 c) ("Los trabajadores tienen como deberes básicos: c) Cumplir las órdenes e instrucciones del empresario en el ejercicio regular de sus facultades directivas") y 20.1

y 2 del ET (" 1. El trabajador estará obligado a realizar el trabajo convenido bajo la dirección del empresario o persona en quien éste delegue...2. En el cumplimiento de la obligación de trabajar asumida en el contrato, el trabajador debe al empresario la diligencia y la colaboración en el trabajo que marquen las disposiciones legales, los convenios colectivos y las órdenes o instrucciones adoptadas por aquél en el ejercicio regular de sus facultades de dirección y, en su defecto, por los usos y costumbres"). Ambos preceptos son, a su vez, una manifestación del principio de libertad de empresa consagrado en el Art. 38 de la Constitución.

Por lo que se refiere a las modificaciones de condiciones de trabajo, en líneas generales, los límites del "ius variandi" coincidirán con la frontera entre lo que sea una modificación accesoria y una modificación sustancial de condiciones de trabajo, quedando fuera del "ius variandi" empresarial también todas aquellas otras que atenten contra el principio de no discriminación de los Arts. 14 de la CE y 4.2 c) y 17.1 del ET.

III.4. LAS MODIFICACIONES SUSTANCIALES DE CONDICIONES DE TRABAJO

43. EL ART. 41 DEL ET

Según el Art. 41.1 del ET, "la dirección de la empresa podrá acordar modificaciones sustanciales de las condiciones de trabajo cuando existan probadas razones económicas, técnicas, organizativas o de producción", señalando más tarde que "tendrán la consideración de modificaciones sustanciales de las condiciones de trabajo, entre otras, las que afecten a las siguientes materias: a) Jornada de trabajo. b) Horario y distribución del tiempo de trabajo. c) Régimen de trabajo a turnos. d) Sistema de remuneración y cuantía salarial. e) Sistema de trabajo y rendimiento. f) Funciones, cuando excedan de los límites que para la movilidad funcional prevé el Art. 39 de esta Ley".

44. LOS ELEMENTOS DEL SUPUESTO DE HECHO LEGALMENTE PREVISTO EN EL ART. 41 DEL ET

Respecto de las modificaciones sustanciales de condiciones de trabajo del Art. 41 del ET, conviene señalar que el supuesto de hecho previsto por la ley está integrado por dos elementos: la "modificación" y las "condiciones de trabajo".

Por lo que se refiere a la "modificación" legalmente prevista, ésta habrá de ser "sustancial" y "motivada", pudiendo ser, por un lado, "colectiva" o "individual o plural" y, por otro, "temporal" o "indefinida".

Por lo que hace a las "condiciones de trabajo", se plantean dos cuestiones interpretativas de enorme trascendencia para la correcta intelección del precepto legal:

1ª) En primer lugar, una cuestión de "identidad", esto es, qué debe entenderse por tales.

2ª) En segundo lugar, la cuestión del "origen" (normativo o contractual) que deban tener las condiciones de trabajo a modificar.

45. EL CARÁCTER SUSTANCIAL DE LAS MODIFICACIONES

En cuanto al carácter sustancial de las modificaciones, doctrina y jurisprudencia (por todas, SS.TS de 3 de abril de 1995 o de 11 de diciembre de 1997) coinciden en afirmar que la relación legal de condiciones del Art. 41.1 del ET es una relación ejemplificativa ("entre otras") y que no todas las modificaciones realizadas sobre estas condiciones enumeradas legalmente son necesariamente sustanciales (por todas, STS de 13 de mayo de 1986). Así pues, "ni son todas las que están ni están todas las que son" (por todas, SS.TS de 21 de marzo de 1989, de 3 de abril de 1995 o de 26 de abril de 2006).

En definitiva, la ley no establece con exactitud cuando una modificación es sustancial o no, siendo la sustancialidad de la modificación un "concepto jurídico indeterminado" de necesaria interpretación jurisprudencial, debiendo acudirse a interpretaciones razonables caso por caso a la vista de las concretas circunstancias (STS de 10 de octubre de 2005). La STS de 29 de noviembre de 2017 ha subrayado en este sentido la *"imposibilidad de trazar una noción dogmática de "modificación sustancial y la conveniencia de acudir a criterios empíricos de casuismo"*.

En todo caso, es claro que la sustancialidad se predica en la ley de la modificación y no de las condiciones de trabajo, no existiendo así condiciones de trabajo sustanciales o no sino modificaciones sustanciales o no de las distintas condiciones de trabajo.

La jurisprudencia ha señalado en este sentido que "ninguna regla establece el Art. 41 del ET para determinar cuándo una modificación es sustancial", llegando todo lo más a decir que será una modificación sustancial "aquella que sea de tal naturaleza que altere y transforme los aspectos fundamentales de la relación laboral...pasando a ser otros distintos de modo notorio" (por todas, SS.TS de 11 de diciembre de 1997 o de 22 de septiembre de 2003).

Así, el término sustancial se refiere a modificaciones relevantes, que revistan la suficiente entidad. Por el contrario, no se consideran sustanciales los cambios menores o intrascendentes, por no revestir la necesaria intensidad.

La doctrina y la jurisprudencia vienen utilizando de antiguo diversos criterios para determinar cuándo una modificación es o no sustancial, señalando que habrá que atender a las características de la modificación desde la triple perspectiva de su importancia cualitativa (por todas, STS de 7 de febrero de 2005), de su alcance temporal (por todas, SS.TS de 10 de octubre de 2005 o de 17 de enero de 2017), del nivel de perjuicio o del sacrificio que la modificación supone para los trabajadores afectados (STS de 10 de octubre de 2025) o de las eventuales compensaciones que pudieran establecerse (por todas, STS de 10 de octubre de 2005).

En todo caso, la jurisprudencia ha señalado que los convenios colectivos podrán precisar el alcance de la sustancialidad de la modificación (STS de 22 de septiembre de 2003).

Con base en estos criterios, por vía de ejemplo, la jurisprudencia y la doctrina judicial han considerado modificaciones sustanciales de condiciones de trabajo:

- Determinados cambios del horario de trabajo (por todas, SS.TS de 11 de junio de 1987 o de 9 de diciembre de 2003).
- La sustitución de un horario en jornada continuada por un horario en jornada partida (STS de 28 de febrero de 2007).
- El cambio del sistema de turnos (por todas, SS.TS 13 de noviembre de 1996 o de 4 de octubre de 2001).
- La asignación a un trabajador de un régimen de turnos (STSJ de Cantabria, de 31 de diciembre de 2004).
- La reducción de jornada efectuada por una empresa de limpieza a sus trabajadores por reducción de las contratas (STSJ de Galicia, de 28 de noviembre de 2002).
- La revisión de los tiempos y rendimientos (STS de 14 de junio de 2006 o STSJ de Castilla-León, de 23 de febrero de 1996).
- La modificación de la estructura salarial pactada (SAN de 12 de junio de 1995).
- La movilidad funcional (STSJ de Castilla-La Mancha, de 19 de mayo de 1995).
- La transformación de una partida salarial fija en variable (STS de 6 de mayo de 1996).
- La supresión del servicio de transporte de la empresa (STS de 16 de abril de 1999).
- El cambio unilateral por el empresario de los parámetros a tener en cuenta para fijar los complementos salariales por objetivos (SS.TSJ de Comunidad Valenciana, de 7 de mayo de 2004 o del País Vasco, de 3 de febrero de 2004).
- La modificación del régimen de licencias y permisos (STS de 3 de abril de 1995).

- La retirada de la tarjeta de compra y de los descuentos especiales (SS.TS de 11 de diciembre de 1997 o de 9 de abril de 2001).
- El cambio del sistema de incentivos (SS.TSJ de Comunidad Valenciana, de 27 de septiembre de 2002 o del País Vasco, de 27 de enero de 2004).
- El cambio del sistema pactado de abono de las pagas extraordinarias (STSJ de Madrid, de 12 de julio de 2004, Rec. 3257/2004).

En sentido contrario, los Tribunales han entendido que no había modificación sustancial en los siguientes casos:

- Un cambio del horario que aumenta los días laborables durante el año si bien reduce las horas de trabajo diario (STSJ de Cataluña, de 9 de septiembre de 1996).
- Un cambio del horario adelantando unos pocos días una hora la entrada al trabajo (STSJ de Cataluña, de 9 de abril de 1996 o de 5 de Julio de 1996) o entrando y saliendo media hora más tarde durante los meses de verano (STS de 10 de octubre de 2005).
- El aumento de trabajo que puede suponer para los trabajadores cuando se ha reducido el personal de la empresa (STSJ de Canarias, de 24 de marzo de 2004).
- Distintos supuestos de movilidad funcional con remisión a lo dispuesto en el Art. 39 del ET (por todas, STS de 6 de febrero de 1995).
- La modificación del sistema de medición de los tiempos de trabajo (STSJ de Asturias, de 13 de diciembre de 1996,).
- El cambio del sistema de control de los horarios (STS de 17 de diciembre de 2004).
- Un cambio del horario de escasa trascendencia (STS de 29 de junio de 1987).
- Un cambio del horario de corta duración (STSJ de Aragón, de 1 de julio de 2002).

- La implantación de un horario flexible con carácter voluntario (STS de 17 de diciembre de 2004).
- Unas modificaciones que afectan al sistema de compras en la empresa, pero manteniendo el beneficio (STS de 11 de diciembre de 1997).
- La modificación de los criterios empresariales para aumentar graciablemente los salarios individuales (STS de 22 de junio de 1998).

46. LA MODIFICACIÓN LEGALMENTE REQUERIDA: LA MOTIVACIÓN DE LA MODIFICACIÓN

El Art. 41.1 del ET habla de una modificación sustancial de condiciones de trabajo necesariamente motivada o justificada, exigiendo que "existan probadas razones económicas, técnicas, organizativas o de producción".

La propia ley explica más tarde que "se consideraran tales las que estén relacionadas con la competitividad, productividad u organización técnica o del trabajo en la empresa".

No hay duda de que, respecto de las causas justificativas de la modificación sustancial, se produjo una flexibilización de las mismas en la Ley 3/2012, de 6 de julio, de Reforma Laboral, rayando en la "descausalización", aunque siempre se trató de causas indeterminadas y de menor exigencia que en otros supuestos (de suspensión contractual o reducción de jornada y de despido, individual/plural o colectivo por estas mismas causas) (por todas, STS de 17 de mayo de 2005).

De esta manera, al suprimirse toda referencia a las finalidades que deben perseguirse con las medidas adoptadas y dotar al alcance y significado de las causas de una gran amplitud, se da al empresario una libertad notable para modificar unilateralmente las condiciones de trabajo. Esta flexibilización del procedimiento persigue, sin duda, potenciar el procedimiento de modificación sustancial de condiciones de trabajo, como medida de flexibilidad interna alternativa a las extinciones.

Por otra parte, aunque ha sido ciertamente voluntad del legislador de la Reforma Laboral el acabar con el "juicio de proporcionalidad o razonabilidad" a realizar por el Tribunal en caso de conflicto de las medidas adoptadas en relación con las causas alegadas y probadas por el empresario, lo cierto es que este juicio reaparecerá judicialmente con toda probabilidad acudiendo a las doctrinas del abuso de derecho o del fraude de ley de los Arts. 6 y 7 del CC o de la buena fe contractual (STS de 8 de enero de 2000). Así, el control judicial de la decisión empresarial abarcará no solamente la existencia de causa justificativa sino también la adecuación entre la causa alegada y la medida adoptada y la vulneración en su caso de los derechos fundamentales del trabajador (SS.TS de 27 de enero de 2014, de 7 de julio de 2016 o de 8 de enero de 2000). Siendo, desde luego, este control inferior al existente respecto de otras medidas más graves, tales como los despidos objetivos o colectivos (SS.TS de 17 de mayo de 2005 o de 16 de mayo de 2011).

47. LA MODIFICACIÓN LEGALMENTE REQUERIDA: LA DURACIÓN DE LA MODIFICACIÓN

Por lo que se refiere al carácter temporal o indefinido de la modificación sustancial a realizar, pese al silencio legal en este punto, a mi juicio, su duración dependerá de las causas motivadoras de la misma, debiendo probablemente volverse a las condiciones anteriores a la modificación cuando desaparezca la causa, si así ocurriere, que la justificó.

También dependerá la duración de la modificación sustancial del origen de la condición modificada, ya que si ésta proviniera de un convenio colectivo extraestatutario es claro que la modificación acabará cuando finalice la vigencia del convenio colectivo modificado, debiendo proceder a una nueva modificación el nuevo convenio colectivo extraestatutario aplicable, de perpetuarse la causa justificativa.

En todo caso, más allá de posibles previsiones específicas de convenio, la dicción literal del Art. 41 del ET no permite concluir que las modificaciones sustanciales tengan que referirse a cambios temporales o indefinidos, siendo muy frecuente que las modificaciones se adopten sin referencia alguna a su eficacia temporal considerándose, por lo tanto, tácitamente indefinidas (STS de 9 de junio de 2015).

48. LA MODIFICACIÓN LEGALMENTE REQUERIDA: EL CARÁCTER COLECTIVO O INDIVIDUAL/ PLURAL DE LA MODIFICACIÓN

El Art. 41.2 del ET distingue entre las modificaciones sustanciales de carácter colectivo y las modificaciones sustanciales de carácter individual/plural, en atención a un criterio cuantitativo.

Así, la ley considera "de carácter colectivo" aquellas modificaciones que, "en un período de noventa días, afecten al menos a:

a) Diez trabajadores, en las empresas que ocupen menos de cien trabajadores.

b) El 10 por ciento del número de trabajadores de la empresa en aquellas que ocupen entre cien y trescientos trabajadores.

c) Treinta trabajadores, en las empresas que ocupen más de trescientos trabajadores".

Y considera "de carácter individual/plural" la modificación que, "en el periodo de referencia establecido, no alcance los umbrales señalados para las modificaciones colectivas".

El cómputo de los noventa días funciona tanto hacia delante como hacia atrás, debiendo delimitarse el día inicial de la modificación y el del final del periodo. El día de la modificación actuaría como referencia del final del plazo o "dies ad quem" del primer periodo de 90 días, y es el día inicial o "dies a quo" para el cómputo de los 90 días siguientes. Aquellas modificaciones sustanciales que se hubiesen notificado verbalmente sin respetar la exigencia de comunicación escrita impuesta por el Art. 41 del ET, computarían igualmente.

Para el cómputo de las personas trabajadoras afectadas, habrá que estar al conjunto de la empresa y no del centro de trabajo (SS.TS de 12 de febrero de 214 o de 19 de noviembre de 2019) y solo se ha de atender a las personas trabajadoras que experimenten una modificación sustancial y no a los trabajadores a los que se les hubiera modificado no sustancialmente las condiciones de trabajo (STSJ de Murcia, de 15 de marzo de 1996).

Esta distinción tiene trascendencia cara al procedimiento de modificación, que es distinto, más exigente en el caso de las modificaciones de carácter colectivo que en las de carácter individual/plural. Por ello, la ley prevé el posible fraude de ley y lo sanciona con la nulidad: "cuando con objeto de eludir las previsiones contenidas en el apartado siguiente de este artículo, la empresa realice modificaciones sustanciales de las condiciones de trabajo en períodos sucesivos de noventa días en número inferior a los umbrales que establece el apartado segundo para las modificaciones colectivas, sin que concurran causas nuevas que justifiquen tal actuación, dichas nuevas modificaciones se considerarán efectuadas en fraude de ley y serán declaradas nulas y sin efecto" (Art. 41.3 del ET).

En todo caso, las modificaciones que la ley declara nulas en estos casos son las últimas que superen el umbral legal y no las anteriores que estaban dentro del mismo.

49. LAS CONDICIONES DE TRABAJO LEGALMENTE REQUERIDAS: LA IDENTIDAD DE LAS CONDICIONES DE TRABAJO

Una de las cuestiones interpretativas más difíciles que presenta el Art. 41 del ET es la de qué entender a estos efectos por "condiciones de trabajo".

A la vista de la literalidad del precepto legal cabría realizar una interpretación restrictiva del término "condiciones de trabajo", refiriéndolo sin más a las "circunstancias de la prestación laboral", con exclusión de la "prestación laboral" misma, de la "prestación salarial", de las "circunstancias de la prestación salarial" y de aquellos otros derechos de los trabajadores que no se refieran directamente a la prestación laboral, tales como las prestaciones complementarias de Seguridad Social, los derechos de disfrute colectivo (economatos, comedores, servicios de transporte o servicios sociales de cualquier naturaleza prestados por la empresa) o los derechos de los sujetos colectivos (representantes de las personas trabajadoras, unitarios o sindicales, en la empresa).

Sin embargo, es la propia ley la que permite hacer una interpretación amplia del término "condiciones de trabajo", al referirse a la prestación laboral y a la prestación salarial, al incluir entre las condiciones a modificar sustancialmente a la "movilidad funcional que exceda de los límites del Art. 39 del ET" y a los "sistemas de remuneración".

Existen, además razones de carácter teleológico o finalista de la ley que pueden también fundamentar una interpretación extensiva del concepto legal utilizado, ampliando en consecuencia el ámbito de aplicación del Art. 41 del ET. Podría defenderse, en este último sentido, que, en el fondo, el Art. 41 del ET no es sino la "legalización" para el contrato de trabajo de la "doctrina de la base del negocio", esto es, permitir que cuando existan razones (económicas, técnicas, organizativas o de producción) que lo justifiquen pueda procederse a la inaplicación o modificación por parte de la empresa de sus anteriores obligaciones contraídas contractualmente con sus personas trabajadoras, entendidas éstas en sentido amplio, con determinados límites, en determinadas condiciones y con determinados efectos.

Así pues, habrá que mantener, y así lo ha mantenido la jurisprudencia, una "interpretación omnicomprensiva" de las "condiciones de trabajo" a estos efectos, entendiendo por tales cuantas condiciones se refieran a la prestación laboral o salarial, aunque no hayan sido enumeradas legalmente (así, por ejemplo, los permisos, las vacaciones, la seguridad y salud laboral. STS de 3 de abril de 1995) o cualquier derecho concedido a los trabajadores por la empresa con anterioridad (la STS de 11 de abril de 1991 aplica el Art. 41 del ET a la modificación del reglamento de régimen interno de un plan de pensiones).

Y ello con el único límite referido a aquellas condiciones de trabajo que expresamente tengan establecido por ley un procedimiento de modificación sustancial distinto. Tal sucede con el periodo de disfrute de las vacaciones (regulado en el Art. 38.2 del ET), con la flexibilidad horaria (regulada en el Art. 34.2 del ET), con el aumento de la jornada laboral mediante la realización de horas extraordinarias (regulado por el Art. 35.4 del ET), con la movilidad funcional salvo la extraordinaria (regulada en el Art. 39 del ET) o con los traslados y desplazamientos (regulados en el Art. 40 del ET: Art. 41.7 del ET).

50. UNA CUESTIÓN MAL RESUELTA: LA REDUCCIÓN DE LA JORNADA LABORAL POR LA VÍA DEL ART. 41 DEL ET

Una de las cuestiones más vidriosas es sin duda la de la posibilidad para el empresario de reducir la jornada laboral de sus trabajadores por el procedimiento del Art. 41 del ET cuando disminuya el volumen de trabajo en la empresa, a la vista de la inclusión de la *"jornada de trabajo"* en la enumeración legal de las condiciones a modificar sustancialmente.

En este sentido, los preceptos legales referidos a la reducción de la jornada laboral son los siguientes:

1º) En primer lugar, el Art. 12 del ET, regulador del contrato a tiempo parcial, donde se establecen en este sentido dos mandatos normativos de interés:

a) De un lado, considera que el *"contrato de trabajo se entenderá celebrado a tiempo parcial cuando se haya acordado la prestación de servicios durante un número de horas al día, a la semana, al mes o al año, inferior a la jornada de trabajo de un trabajador a tiempo completo comparable"*, entendiendo por tal al *"trabajador a tiempo completo de la misma empresa y centro de trabajo, con el mismo tipo de contrato de trabajo y que realice un trabajo idéntico o similar. Si en la empresa no hubiera ningún trabajador comparable a tiempo completo, se considerará la jornada a tiempo completo prevista en el convenio colectivo de aplicación o, en su defecto, la jornada máxima legal"* (párrafo primero).

b) De otro lado, se señala que *"la conversión de un trabajo a tiempo completo en un trabajo a tiempo parcial y viceversa tendrá siempre carácter voluntario para el trabajador y no se podrá imponer de forma unilateral o como consecuencia de una modificación sustancial de condiciones de trabajo al amparo de los dispuesto en la letra a) del apartado 1 del artículo 41. El trabajador no podrá ser despedido ni sufrir ningún otro tipo de sanción o efecto perjudicial por el hecho de rechazar esta conversión, sin perjuicio de las medidas que, de conformidad con lo dispuesto en los artículos 51 y 52, c), de esta Ley, puedan adoptarse por causas económicas, técnicas, organizativas o de producción"* (párrafo 4°, letra e).

2°) En segundo lugar, el Art. 20.2 del ET, que establece que la persona trabajadora está obligada a obedecer *"las órdenes e instrucciones adoptadas por el empresario en el ejercicio regular de sus facultades de dirección"*

3°) En tercer lugar, el Art. 41.1.a) del ET, que incluye entre las condiciones de trabajo de naturaleza contractual susceptibles de modificación sustancial unilateral del empresario la *"jornada de trabajo"* pactada, sin especificar el tipo de modificación posible: si ampliación, si reducción o si ambas.

4°) En cuarto lugar, el Art. 47.1 del ET, que establece que *"la empresa podrá reducir temporalmente la jornada de trabajo de las personas trabajadoras...por causas económicas, técnicas, organizativas o de producción de carácter temporal, con arreglo a lo previsto en este artículo y al procedimiento que se determine reglamentariamente"*.

5ª) En quinto lugar, finalmente, el Art. 82.3 del ET, que incluye entre las materias convencionales susceptibles de inaplicación y de sustitución por otras a la *"jornada de trabajo"* pactada.

Del análisis sistemático de estos cinco preceptos legales, se deducen a nuestro juicio las siguientes conclusiones interpretativas:

a) La primera conclusión es la de que hay que distinguir entre la jornada laboral contractual (esto es, la reconocida a los trabajadores en el contrato individual de trabajo, en acuerdos o pactos colectivos de naturaleza extraestatutaria o disfrutada por éstos en virtud de una decisión unilateral del empresario de efectos colectivos, incorporadas todas ellas al nexo contractual por el paso del tiempo como derecho adquirido) y la jornada laboral convencional, establecida en un convenio colectivo estatutario.

No hay, en este sentido, duda alguna acerca de que las reducciones de la jornada convencional deben seguir el procedimiento establecido en el Art. 82.3 del ET, exigiéndose para ello el acuerdo de la empresa con los representantes legales del personal o, en defecto de acuerdo, el de la comisión paritaria o la solución de la discrepancia en mediación o arbitraje voluntario del Tribunal Arbitral correspondiente o, en su caso, arbitraje obligatorio de la Comisión Consultiva Nacional de Convenios Colectivos u organismo comunitario homónimo.

Así, solamente respecto de las reducciones de la jornada contractual surgen problemas interpretativos en orden a los procedimientos de actuación empresarial.

b) La segunda conclusión es la de que una reducción de la jornada laboral contractual realizada unilateralmente por el empresario, salvo en el caso de tratarse de una reducción no sustancial de la jornada (por poco tiempo, con compensaciones económicas, etc.) en cuyo caso entraría dentro del poder de dirección del empresario (Art. 20.2 del ET), podrá hacerse con los límites, las causas, el procedimiento y el régimen jurídico establecidos en el Art. 47 del ET.

Así, la reducción de la jornada laboral (diaria, semanal, mensual o anual) *"podrá ser de entre un diez y un setenta por ciento y computarse sobre la base de la jornada diaria, semanal, mensual o anual"* (Art. 47.7 a) del ET).

En cuanto a las causas, la decisión empresarial de reducción de la jornada habrá de estar justificada en causas económicas, técnicas, organizativas o de producción, según la definición de las mismas establecida en el Art. 47.2 del ET y según la interpretación jurisprudencial al uso o con base en una causa de fuerza mayor temporal (Art. 47.5 del ET), cualesquiera que sean el número de personas trabajadoras de la empresa y el número de personas trabajadoras afectadas por la reducción de jornada (Art. 47.3 del ET), no distinguiéndose así entre reducciones de jornada colectivas e individuales/plurales. Y, en cuanto al procedimiento a seguir (Art. 47.3 del ET), éste se iniciará mediante la comunicación a la autoridad laboral competente y la apertura simultánea de un periodo de consultas con una única comisión negociadora de los representantes legales de las personas trabajadoras de duración no superior a 15 días (o a 7 días, en las empresas de menos de 50 personas trabajadoras de plantilla) que, previo informe preceptivo de la Inspección de Trabajo y Seguridad Social, podrá acabar en acuerdo o desacuerdo y, en ambos casos, con la decisión empresarial notificada a las personas trabajadoras afectadas y a la autoridad laboral, sin necesidad de autorización administrativa, salvo en el supuesto de fuerza mayor (Art. 51.5 del ET).

La decisión empresarial podrá ser impugnada por la autoridad laboral ante la Jurisdicción Social, a petición de la entidad gestora de la prestación por desempleo *"cuando aquella pudiera tener por objeto la obtención indebida de las prestaciones por parte de los trabajadores afectados por inexistencia de la causa motivadora de la situación legal de desempleo"*.

La decisión empresarial podrá ser impugnada también por la persona trabajadora afectada ante la Jurisdicción Social, que declarará la medida empresarial justificada o injustificada. En este último caso, la sentencia declarará la inmediata reposición de la persona trabajadora a la situación anterior, condenando al empresario al pago de los salarios dejados de percibir por la persona trabajadora hasta esa fecha o, en su caso, al abono de las diferencias que procedan respecto del importe recibido en concepto de prestación de desempleo, sin perjuicio del reintegro que proceda realizar por el empresario de dichas prestaciones a la entidad gestora.

Los sujetos colectivos legitimados en representación de las personas trabajadoras afectadas, cuando su número será igual o superior a los umbrales previstos en el Art. 51.1 del ET para delimitar cuando un despido es colectivo, podrán plantear un procedimiento especial de conflicto colectivo, sin perjuicio de las acciones individuales que quedarán en su caso paralizadas en su tramitación hasta la resolución del conflicto colectivo.

Cabe desde luego seguir un procedimiento distinto del anterior, cuando el empresario y la representación de las personas trabajadoras hubieran acordado *"en cualquier momento"* la sustitución del periodo de consultas por el procedimiento de mediación o arbitraje aplicable en la empresa, procedimiento que habrá de desarrollarse (difícilmente, por cierto) *"dentro del plazo máximo señalado para dicho periodo* (de consultas)" (Art. 47.3 del ET).

Y, para el caso de que la empresa se encuentre en situación concursal, la reducción de jornada deberá ser acordada ante el Juez del

Concurso y, en su defecto, decretada por el Juzgado de lo Mercantil que esté conociendo del concurso (Art. 64 de la Ley Concursal 22/2003, de 9 de julio).

3ª) La tercera conclusión interpretativa plantea la pregunta de si una reducción de la jornada laboral en un contrato a tiempo parcial constituye una novación contractual que deba seguir la vía del Art. 12 del ET, esto es, del mutuo acuerdo entre las partes, o si se trata de una simple reducción de la jornada dentro de un mismo contrato de trabajo a tiempo parcial, en cuyo caso debería seguirse la vía del Art. 47 del ET.

Con todas las dudas que el supuesto plantea, me inclino por la aplicación de ambos preceptos: del Art. 12 del ET para reducir indefinidamente la jornada laboral y del Art. 47 del ET para una reducción temporal por las causas y con los límites legales.

4ª) La cuarta conclusión es la de que el Art. 41 del ET, pese a referirse genéricamente a las modificaciones sustanciales de la *"jornada de trabajo"* sin otras especificaciones, con lo que pudiera entenderse en una interpretación literal referida a las reducciones unilaterales de la jornada laboral a realizar en los términos previstos en tal precepto legal, una interpretación sistemática de los Arts. 41.1 y 47 del ET conduce a la conclusión de que solo es posible la reducción unilateral de la jornada laboral por parte del empresario a través del cauce establecido en el Art. 47 del ET, vaciándose así de contenido reductor al Art. 41.1 del ET y permitiendo interpretar la referencia a la *"jornada de trabajo"* de este último precepto a una eventual *"ampliación"* de la jornada laboral contractual con los límites de la jornada convencional y legal y nunca a su reducción.

Por otra parte, de permitirse la reducción de la jornada laboral unilateralmente por la vía del Art. 41.1 del ET, se estaría perjudicando a la persona trabajadora que vería, por causas empresariales justificativas *"de menor gravedad"* que las del Art. 47.2 del ET, al reducirse su jornada y su salario y no poder acogerse a las prestaciones parciales por desempleo compensatorias del salario perdido.

A mayor abundamiento, el Art. 12.4.e) del ET señala explícitamente que la conversión de un contrato a tiempo completo en un contrato a tiempo parcial (en definitiva, una reducción de la jornada laboral contratada lo es a la vista de la definición del contrato a tiempo parcial del Art. 12.1 del ET) *"no se podrá imponer de forma unilateral o como consecuencia de una modificación sustancial de condiciones de trabajo al amparo de lo dispuesto en el Art. 41.1 del ET"*, a salvo, habría que añadir, lo dispuesto en el Art. 47 del ET.

Tampoco parece que existiera margen en el Art. 47 del ET para utilizar el Art. 41.1 del ET para los casos de reducción de la jornada laboral por debajo del 10 por 100 o por encima del 70 por 100, ya que el Art. 47 del ET es la *"norma especial"* que impide la aplicación del Art. 41.1 del ET, esto es, de la *"norma general"*.

5°) La quinta de las conclusiones interpretativas es la de que siempre cabrá la conversión de un contrato de trabajo a tiempo completo en un contrato a tiempo parcial, sin límites cuantitativos en cuanto a la reducción de la jornada laboral (que podrá ser inferior al 10 por 100 y superior al 70 por 100) y sin límites temporales (pudiendo ser la conversión temporal o indefinida), siendo necesario en tal caso la voluntad concorde de la persona trabajadora, dado que no se trataría de una modificación de condiciones contractuales sino de una novación o modificación del contrato, para el que se exige en todo caso la voluntariedad de la persona trabajadora, que podrá negarse a tal conversión sin efectos negativos para el mismo, como ha establecido la Directiva Comunitaria 97/81/CE, de 15 de diciembre de 1997, adoptada por el Acuerdo Marco sobre el trabajo a tiempo parcial concluido entre UNICE, CEEP y CES (*"el objetivo de este Acuerdo Marco es... b) facilitar el desarrollo del trabajo a tiempo parcial sobre una base voluntaria"*), existiendo por ello un límite jurídico comunitario, a diferencia de lo que sucede cuando la transformación del contrato opera en sentido contrario, esto es, cuando lo que se pretende es transformar un contrato a tiempo parcial en un contrato a tiempo completo, como ha puesto de relieve la STJUE de 15 de octubre de 2014 (Asunto C-221/13 Mascellani), donde se señala que no son situaciones comparables pues la reducción del tiempo de trabajo no tiene las mismas consecuencias que su incremento en el plano de la remuneración de la persona trabajador, concluyendo que la Cláusula 5ª, apartado 2 del Acuerdo Marco sobre el trabajo a tiempo parcial, que figura en el Anexo de la Directiva no se opone a una normativa nacional en virtud de la cual el empleador puede disponer la transformación de un contrato laboral a tiempo parcial en contrato laboral a tiempo completo sin el acuerdo de la persona trabajadora afectada. Así:

a) El contrato a tiempo parcial habrá de formalizarse necesariamente por escrito, presumiéndose en caso contrario *"iuris tantum"* celebrado a jornada completa, debiendo figurar el número de horas ordinarias de trabajo al día, a la semana, al mes o al año contratadas y su distribución (Art. 12.4 a) del ET).

b) Las personas trabajadoras a tiempo parcial no podrán hacer horas extraordinarias voluntarias, salvo en los supuestos del Art. 35.3 del ET sobre horas extraordinarias obligatorias (Art. 12.4 c) del ET).

c) Las personas trabajadoras convertidas a tiempo parcial verán reducido proporcionalmente su salario a la parte de jornada laboral dejada de trabajar, sin tener derecho a la prestación de desempleo parcial dado el carácter voluntario de la conversión o novación contractual.

d) El régimen de la Seguridad Social de las personas trabajadoras a tiempo parcial será el establecido por el Real Decreto-Ley 11/2013, de 2 de agosto, tras la declaración de inconstitucionalidad de la Disposición Adicional Séptima de la LGSS en cuanto a los periodos de cotización exigidos para el disfrute de las prestaciones, habiéndose establecido *"coeficientes de parcialidad"* y *"coeficientes globales de parcialidad"*, esto es, porcentajes de tiempo trabajado por las personas trabajadoras a tiempo parcial en comparación con los trabajadores a tiempo completo comparables en orden a conocer los *"días cotizados"*.

No obstante todo lo anterior, el Tribunal Supremo ha admitido la utilización del Art. 41 del ET para proceder a reducciones unilaterales de la jornada laboral por parte del empresario por causas económicas, técnicas, organizativas o de producción.

Así sucedió con la STS de 7 de octubre de 2011, Rec. 144/2011 (reiterando la doctrina mantenida en las anteriores SS.TS de 14 de mayo de 2007 o de 15 de octubre de 2007), si bien aplicando la legislación anterior a la modificación del Art. 47 del ET en el que se incluyó la reducción de la jornada laboral. Concretamente, la Sentencia vino a decir que *"la mera reducción de jornada hasta situarse en valores inferiores a los que correspondían a la jornada a tiempo completo no basta para calificar la nueva situación resultante como contrato a tiempo parcial... La decisión empresarial y la ausencia de conformidad por parte de los trabajadores no determina la transformación de una relación a tiempo completo en otra a tiempo parcial, máxime cuando la medida adoptada tenía carácter temporal, aunque ciertamente no se identificase el tiempo durante el cual produciría sus efectos"*.

Así pues, la Sentencia vino a mantener que la reducción unilateral de la jornada laboral por parte del empresario, siempre que estuviera motivada en causas económicas, técnicas, organizativas o de producción y tuviera carácter temporal, no suponía la transformación de un contrato de trabajo a tiempo completo en un contrato a tiempo parcial, sin que tal proceder vulnerase la prohibición del Art. 12.4 e) del ET. Y ello sobre la base de que, para calificar una relación contractual como a tiempo parcial, no bastaba con que el tiempo de trabajo fuese inferior a la jornada de una persona trabajadora comparable, sino que *"es preciso que la reducción sea voluntariamente adoptada con sujeción a la concreta modalidad de contrato a tiempo parcial"* (sic) (SS.TS de 14 de mayo de 2007 o de 15 de octubre de 2007). Así, la mera reducción unilateral de la jornada a valores inferiores a los de un trabajador a tiempo completo comparable, no bastaría para calificar la nueva situación resultante de contrato a tiempo parcial. Por lo tanto, la articulación de la reducción temporal de jornada por la vía del Art. 41 del ET no supondría la aplicación al contrato de las reglas previstas para el contrato a tiempo parcial.

Parece, por tanto, que por la vía del Art. 41 del ET se podría proceder a reducir temporalmente y de manera justificada, la jornada de trabajo, sin que ello contravenga la prohibición del Art. 12.4 e) del ET, olvidando que la finalidad pretendida por esta explícita prohibición legal es la de que el empresario no convierta unilateralmente una modalidad contractual en otra distinta y que una simple reducción de la jornada laboral, temporal o permanente, por mínima que ésta sea, convierte al contrato a tiempo completo en un contrato a tiempo parcial, según la actual definición legal, proveniente de la Directiva comunitaria.

Ahora bien, tras la reforma del Art. 47 del ET operada por la Ley 35/2010 y por la posterior Ley 3/2012, cuando exista una causa de fuerza mayor (con la autorización de la autoridad administrativa laboral: Arts. 47.3 y 51.7 del ET) o una causa económica, técnica, organizativa o de producción (sin necesidad de autorización administrativa), el empresario también puede, si bien solo temporalmente (aunque la duración de la temporalidad dependerá de la duración de la causa que la justifique), proceder a una reducción de jornada en los términos establecidos en este precepto con derecho del trabajador a las prestaciones de desempleo. Contaríamos, por lo tanto, a partir de esta interpretación del Art. 41.1 a) del ET, absurdamente, con dos mecanismos de reducción unilateral temporal de la jornada de trabajo —el del Art. 41 y el del Art.47 del ET—, sin que queden claro los casos en los que el empresario debe acudir a una u otra opción, todo ello al margen de las razonables dudas que surgen acerca del alcance de la indicada prohibición del Art. 12.4 del ET de imponer unilateralmente por el empresario la realización de trabajo a tiempo parcial.

A mi juicio, la solución interpretativa más acorde con la voluntad de la ley (Art. 12 del ET) —que (1°) ha definido clara y rotundamente el trabajo a tiempo parcial como el que se celebra por un número de horas *"inferior a la jornada de trabajo de un trabajador a tiempo completo comparable"*, (2°) ha establecido expresamente la voluntariedad de la persona trabajadora para las posibles conversiones de un contrato a tiempo completo en un contrato a tiempo parcial y viceversa, prohibiendo explícitamente la utilización del procedimiento de modificación unilateral de condiciones del Art. 41.1 a) del ET, (3°) no distingue en ningún momento entre conversiones contractuales temporales o indefinidas, permitiendo que el contrato a tiempo parcial se concierte por tiempo indefinido o por duración determinada, *"en los supuestos en los que legalmente se permita la utilización de esta modalidad de contratación"* (Art. 12.2 del ET) y (4°) ha establecido un procedimiento preciso para reducir temporalmente la jornada unilateralmente por el empresario por causas económicas, técnicas, organizativas o de producción a través de un ERTE, causal y procedimental, regulado en el Art. 47 con derecho a la prestación por desempleo—, es sin duda la de concluir, contrariamente a la interpretación jurisprudencial vertida en las Sentencias anteriores, en la imposibilidad de utilizar la vía del Art. 41.1 a) del ET para proceder a modificar, al alza o a la baja, la jornada laboral de un trabajador, necesitando en ambos casos la voluntad concurrente del trabajador por tratarse de una novación contractual de carácter constitutivo, a salvo la excepcional utilización de la vía del Art. 47 del ET en el caso de tratarse de una reducción temporal de jornada justificada en causas económicas, técnicas, organizativas o de producción o en razones de fuerza mayor, manteniendo en estos casos la naturaleza de contrato a tiempo completo con una jornada laboral temporalmente reducida, en cuyo caso, además, el trabajador tendría derecho a la prestación por desempleo parcial.

A partir de esta interpretación, la única duda surge en el caso de una eventual reducción o ampliación de la jornada laboral de un trabajador que anteriormente hubiera acordado un contrato a tiempo parcial, ya que en este caso no habría propiamente una novación contractual, dado que seguiría siendo un contrato a tiempo parcial si bien modificado, a la baja o al alza, en cuanto a la duración de la jornada laboral.

A mi juicio, ni siquiera en estos casos cabría considerar utilizable la vía de la modificación sustancial del Art. 41.1 a) del ET para llevar a cabo una reducción unilateral por parte del empresario de la jornada laboral. No solamente por el riesgo de fraude existente —de que el empresario procediera, primero, a convertir mediante acuerdo voluntario con el trabajador un contrato a tiempo completo en un contrato a tiempo parcial con una ligerísima reducción de la jornada, para proceder después a una reducción unilateral mayor de la jornad—, sino, sobre todo, porque existen vías específicas legalmente establecidas para estas dos operaciones:

a) Para las reducciones de la jornada pactada, bien un nuevo acuerdo voluntario con el trabajador o bien el procedimiento del Art. 47 del ET, para las reducciones temporales de la jornada siempre que existiesen causas justificadas —fuerza mayor o causas económicas, técnicas, organizativas o de producción—, y, en este segundo caso, se tratara de disminuciones temporales de entre un 10 y un 70 por 100 de la jornada de trabajo computada sobre la base de una jornada diaria, semanal, mensual o anual.

b) Y para las ampliaciones de la jornada pactada, bien un nuevo acuerdo voluntario con la persona trabajadora o bien acudir a la institución de las *"horas complementarias"* legalmente reguladas en el Art. 12.5 del ET o a las horas extraordinarias obligatorias del Art. 15.3 del ET.

Pero qué sucedería en el supuesto no previsto expresamente por la ley de una reducción de la jornada laboral fuera de los límites establecidos en el Art. 47 del ET (menos del 10 por 100 o más del 70 por 100), respetando la naturaleza de contrato a tiempo parcial de la relación laboral existente. La contestación la da la propia ley *a sensu contrario*: que no podría procederse a unas reducciones de jornada de esas magnitudes por exceder de los límites legalmente establecidos.

Desde luego, en ningún caso, el trabajador podrá ser despedido ni sancionado o sufrir perjuicio alguno por el hecho de rechazar la conversión de un contrato a tiempo completo en un contrato a tiempo parcial o viceversa, gozando así de una cierta *"garantía de indemnidad"* (Claúsula Quinta.2 de la Directiva 97/81/CE y Art. 12.4 e) del ET; STS de 7 de abril de 2000). Y si el empresario, tras la negativa de la persona trabajadora a la novación del contrato a tiempo completo en un contrato a tiempo parcial, diera la orden de trabajar menos horas y de percibir por ello una menor retribución, la persona trabajadora tendría derecho a las retribuciones por jornada completa y a extinguir en su caso el contrato por incumplimiento empresarial, al no mantener éste la jornada y la retribución pactadas (SS.TS de 14 de mayo de 2007 y de 18 de septiembre de 2008).

Cabe, finalmente, plantearse cual deba ser la interpretación del alcance aplicativo de las referencias hechas en el Art. 41.1 a) del ET a la *"jornada de trabajo"* y, en relación con ésta, al salario (*"sistema de remuneración y cuantía salarial"*) como supuestos de modificación sustancial de condiciones de trabajo.

En cuanto a la *"jornada de trabajo"*, partiendo de la interpretación anteriormente hecha que excluye del supuesto legal a los aumentos y reducciones de jornada, cabría pensar en las simples modificaciones de la jornada, esto es, en los cambios de una jornada continuada a partida o viceversa, aunque, si bien se mira, pese a la terminología utilizada, más que de una modificación de la jornada se trataría de una modificación del horario de trabajo. Por lo que personalmente me inclinaría, por coherencia y seguridad jurídicas, a postular la supresión en el futuro a estos efectos de la *"jornada de trabajo"* de entre las condiciones de trabajo relacionadas en el Art. 41.1 del ET.

Por lo que se refiere, finalmente, al *"salario"*, no deja ciertamente de llamar la atención que una empresa pueda proceder unilateralmente, por las causas justificadas exigidas por el Art. 41 del ET y de acuerdo con el procedimiento en él establecido, a modificar sustancialmente a la baja los salarios contractualmente pactados con un trabajador, manteniéndoles la duración de la jornada y sin la compensación de una prestación de desempleo, lo que nos lleva a preguntarnos por el sentido de proteger las reducciones de jornada con reducciones del salario a que se refiere el Art. 47 del ET y, paradójicamente, permitir, con menores exigencias causales además, la reducción del salario manteniendo la duración de la jornada.

51. LAS CONDICIONES DE TRABAJO LEGALMENTE REQUERIDAS: EL ORIGEN NORMATIVO O CONTRACTUAL DE LAS CONDICIONES A MODIFICAR

El Art. 41. 2 del ET establece claramente el objeto de mismo: las modificaciones sustanciales de las "condiciones reconocidas a los trabajadores en el contrato de trabajo, en acuerdos o pactos colectivos o disfrutados por éstos en virtud de una decisión unilateral del empresario de efectos colectivos", esto es, de las condiciones contractuales expresamente pactadas en los contratos individuales de trabajo y aquellas otras incorporadas tácitamente a los mismos por el paso del tiempo como condiciones más beneficiosas de naturaleza contractual (las procedentes de un convenio colectivo extraestatutario o de una decisión unilateral empresarial de efectos colectivos o las mejoras unilaterales empresariales de carácter individual o plural).

A juicio del Tribunal Constitucional (STC de 22 de Enero de 2015), no es inconstitucional el que los convenios colectivos extraestatutarios puedan modificarse por el empresario por la vía del Art. 41 del ET, considerando que ello resulta compatible con el derecho de negociación colectiva recocido en el Art. 37.1 de la CE que establece la "fuerza vinculante" de todos los convenios colectivos, ya sean estatutarios o extraestatutarios, y que su incidencia sobre la fuerza vinculante de los convenios colectivos extraestatutarios tiene una justificación "razonable" y supera el "triple juicio de idoneidad, necesidad y proporcionalidad":

- Justificación razonable, por cuanto con ello se favorece la flexibilidad interna en las empresas como alternativa a la destrucción de empleo, "buscando el reajuste de la organización productiva para adaptarla a la cambiante situación económica...atendiendo así a fines constitucionales legítimos, como son garantizar el derecho al trabajo de los ciudadanos (Art. 35.1 de la CE), mediante la adopción de una política orientada a la consecución del pleno empleo (Art. 40.1 de la CE), así como la libertad de empresa y la defensa de la productividad (Art. 38 de la CE). En consecuencia, la limitación del derecho a la negociación colectiva mediante la atribución de la facultad de modificar las condiciones de trabajo pactadas extraestatutariamente, se justifica en la consecución de fines consagrados en la Constitución".

- Y se supera el triple juicio de idoneidad, necesidad y proporcionalidad, por cuanto "es necesario precisar brevemente los condicionantes a los que el Art. 41 del ET somete el ejercicio de la facultad empresarial de modificación unilateral de las condiciones de trabajo fijadas extraestatutariamente. La citada facultad empresarial, en primer lugar, no puede afectar a los convenios colectivos sino sólo a pactos "extraestatutarios" o "de eficacia limitada". En segundo lugar, se concibe únicamente como alternativa al fracaso de la negociación previa y preceptiva con los representantes de los trabajadores. En tercer lugar, no excluye la posibilidad de acudir a aquellos otros procedimientos específicos establecidos en la negociación colectiva para llevar a cabo esas modificaciones. En cuarto lugar, tampoco impide a las partes acordar la sustitución de esa negociación previa por un procedimiento de mediación o arbitraje. En quinto lugar, no permite al empresario adoptar la decisión de forma discrecional, sino exclusivamente cuando concurran "probadas razones económicas, técnicas, organizativas o de producción" (apartado 1). En sexto lugar, se atribuye al trabajador en determinados casos y cuando acredite la concurrencia de un perjuicio, la posibilidad de rescindir el contrato con derecho a percibir una indemnización. Y, en último lugar, la decisión empresarial queda sujeta, en todo caso, al control judicial ante la jurisdicción social, al ser impugnable tanto colectivamente (conflicto colectivo), como individualmente (acción individual)"

Así pues, la inaplicación o modificación de las condiciones establecidas en un convenio colectivo estatutario no seguirán este procedimiento del Art. 41 del ET sino el procedimiento previsto en el Art. 82.3 del ET (Art. 41.6 del ET; por todas, SS.TS de 30 de octubre de 2013 o de 21 de febrero de 2014) (ver *infra*).

Y, desde luego, la modificación de condiciones de trabajo proveniente de la sustitución de una norma legal o reglamentaria por otra posterior tampoco será reconducible al procedimiento del Art 41 del ET (STS de 29 de septiembre de 2013) (ver *supra*).

52. EL PROCEDIMIENTO LEGALMENTE PREVISTO

El procedimiento de modificación sustancial de condiciones de trabajo, legalmente establecido so pena de nulidad de la decisión empresarial modificativa (STS de 13 de diciembre de 2023), varía según se trate de modificaciones de carácter individual/plural o colectivo:

1º) En el caso de una modificación contractual de carácter individual/plural, bastará con la decisión unilateral del empresario notificada por el empresario a las personas trabajadoras afectadas y a sus representantes legales con una antelación mínima de 15 días a la fecha de su efectividad (Art. 41.3 del ET).

Pese al silencio legal, la notificación deberá hacerse por escrito y motivadamente, esto es, indicando la causa justificativa con la suficiente precisión y concreción para permitir la defensa procesal en su caso de la persona trabajadora (Art. 8.5 del ET; STS de 4 de abril de 2006).

Este requisito legal de la notificación anticipada no podrá obviarse ni siquiera por necesidades empresariales especiales justificadas.

En este sentido, las SS.TSJ de Baleares, de 26 de octubre de 1995 o de Navarra, de 9 de junio de 1995, negaron tal posibilidad en el caso de una empresa que firmó una contrata de vigilancia y seguridad con otra empresa que le exigía cambios en las condiciones de trabajo de sus trabajadores, en este caso, un cambio de horario para atender a la contrata.

2º) Sin perjuicio de los procedimientos específicos que puedan establecerse en la negociación colectiva (tratándose, por tanto, de un procedimiento dispositivo, que puede ser sustituido libremente por otro establecido en el convenio colectivo aplicable), la decisión empresarial de modificación sustancial de condiciones de trabajo de carácter colectivo deberá ir precedida de un período de consultas con los representantes legales de las personas trabajadoras de duración no superior a quince días, que versará sobre las causas motivadoras de la decisión empresarial y la posibilidad de evitar o reducir sus efectos, así como sobre las medidas necesarias para atenuar sus consecuencias para los trabajadores afectados (Art. 41.4 del ET).

Por lo demás, respecto a la falta de agotamiento del plazo, al no establecer el Art. 41 del ET un plazo mínimo de negociación sino, por el contrario, un período máximo, ello impide considerar que se produzca una infracción legal cuando el mismo no se agota. Incluso en el caso de que el periodo de consultas de cerrase sin acuerdo, si quedaba claro la imposibilidad de alcanzarlo durante la negociación.

Y en cuanto a los efectos del exceso de duración del periodo de consultas, en modo alguno podrá considerarse nulo el procedimiento por esta razón, por cuanto no existe previsión legal que tenga aparejada tal consecuencia.

Por representantes legales de las personas trabajadoras debe entenderse tanto a los representantes unitarios (comités de empresa o delegados de personal) como a los representantes sindicales (las secciones sindicales). Ello no obstante, la ley establece la prioridad de las secciones sindicales, señalando que la intervención como interlocutores ante la dirección de la empresa en el procedimiento de consultas corresponderá a las secciones sindicales cuando éstas así lo acuerden, siempre que sumen la mayoría de los miembros del comité de empresa o entre los delegados de personal (Art. 41.4 del ET).

En las empresas en las que no exista representación legal de los mismos, éstos podrán optar por atribuir su representación para la negociación del acuerdo, a su elección, a una comisión de un máximo de tres miembros integrada por personas trabajadoras de la propia empresa y elegida por éstos democráticamente o a una comisión de igual número de componentes designados, según su representatividad, por los sindicatos más representativos del sector al que pertenezca la empresa y que estuvieran legitimados para formar parte de la comisión negociadora del convenio colectivo de aplicación a la misma (Art. 41.4 del ET).

En el supuesto de que la negociación se realice con la comisión cuyos miembros sean designados por los sindicatos, el empresario podrá atribuir su representación a las organizaciones empresariales en las que estuviera integrado, pudiendo ser las mismas más representativas a nivel autonómico, y con independencia de la organización en la que esté integrado tenga carácter intersectorial o sectorial (Art. 41.4 del ET).

En todos los casos, la designación deberá realizarse en un plazo de cinco días a contar desde el inicio del periodo de consultas, sin que la falta de designación pueda suponer la paralización del mismo (Art. 41.4 del ET).

Durante el período de consultas, las partes deberán negociar de buena fe, con vistas a la consecución de un acuerdo. Esta exigencia de desarrollar una verdadera negociación de buena fe implica que el periodo de consultas, lejos de un mero trámite formal, sea una verdadera y efectiva negociación.

Dicho acuerdo requerirá la conformidad de la mayoría de los miembros del comité o comités de empresa, de los delegados de personal, en su caso, o de representaciones sindicales, si las hubiere, que, en su conjunto, representen a la mayoría de aquéllos (Art. 41.4 del ET).

El empresario y la representación de las personas trabajadoras podrán acordar en cualquier momento la sustitución del periodo de consultas por el procedimiento de mediación o arbitraje que sea de aplicación en el ámbito de la empresa, que deberá desarrollarse dentro del plazo máximo señalado para dicho periodo de consultas (Art. 41.4 del ET).

Una vez finalizado el periodo de consultas sin acuerdo, el empresario notificará a las personas trabajadoras afectadas su decisión sobre la modificación colectiva de las condiciones de trabajo y surtirá efectos en el plazo de los siete días siguientes a su notificación (Art. 41.5 del ET).

Aunque el Art. 41.5 del ET se refiere únicamente al supuesto de que no haya acuerdo en el periodo de consultas ("la decisión sobre la modificación colectiva de las condiciones de trabajo será notificada por el empresario a los trabajadores una vez finalizado el periodo de consultas sin acuerdo"), parece lógico exigir al empresario que comunique su decisión individualmente a las personas trabajadoras afectadas por las modificaciones, con independencia de que haya o no habido acuerdo en el periodo de consultas.

Dicha notificación deberá realizarse por escrito y de manera motivada, tanto en los casos en que el periodo de consultas concluya con acuerdo, como en los que no. Ello debido a que, de conformidad con lo establecido en el Art. 41.5 del ET, frente a las decisiones de modificación sustancial colectivas, además de la acción de conflicto colectivo, se podrá reclamar individualmente. Por ello, la notificación individual deberá indicar la causa justificativa, so pena de provocar indefensión a la persona trabajadora impugnante.

53. LOS EFECTOS DE LA MODIFICACIÓN SUSTANCIAL INDIVIDUAL/PLURAL

En el caso de una modificación individual/plural, una vez notificada la decisión empresarial modificativa a la persona trabajadora o personas trabajadoras afectadas, estas tendrán derecho a una de estas posibilidades (Art. 41.3 del ET):

1ª) Aceptar la modificación impuesta empresarialmente, sin derecho a indemnización alguna, salvo que se hubiese pactado, colectiva o individualmente, en su caso. La persona trabajadora que no hubiere optado por la rescisión del contrato y se mostrase disconforme con la decisión empresarial modificativa podrá impugnarla ante la jurisdicción social a través del procedimiento especial del Art. 138 de la LJS, dentro del plazo de caducidad de 20 días (Art. 59.4 de la LJS) a partir de la entrega de la notificación escrita al trabajador o a sus representantes, sin que la impugnación impida la ejecutividad de la decisión empresarial (STS de 13 de noviembre de 1987), cuya sentencia declarará la modificación de justificada (causal y procedimentalmente), injustificada (causal o procedimental) o nula (fraude de ley por elusión de las normas relativas al periodo de consultas —STS de 20 de enero de 2009— discriminación o atentado a derechos fundamentales, incluidos los supuestos del Art. 108.2 de la LJS) y, en estos dos últimos casos, se reconocerá al trabajador el derecho a ser repuesto en sus anteriores condiciones así como al abono de los daños y perjuicios que la decisión empresarial hubiera podido ocasionar durante el tiempo en que ha producido efectos o a solicitar la extinción del contrato con la indemnización prevista legalmente para el despido improcedente (Art. 1387, 8 y 9 de la LJS).

2ª) Rescindir el contrato en vía extrajudicial (SS.TS de 9 de junio de 1987 o de 4 de diciembre de 2018), con derecho a una indemnización de 20 días de salario por año de servicio prorrateándose por meses los periodos inferiores a un año y con un máximo de nueve meses en los supuestos de modificación de jornada, horario, régimen de trabajo a turnos, sistema de remuneración y rendimiento o movilidad funcional extraordinaria, excluyendo el supuesto de modificación del *"sistema de trabajo y rendimiento"*, siempre que la persona trabajadora *"resultase perjudicada por la modificación"*, perjuicio que no se presumirá y que habrá de acreditar la persona trabajadora, salvo que fuese notorio (SS.TS de 18 de marzo y de 18 de julio de 1996 o de 23 de julio de 2020) y que podrá ser de naturaleza contractual (modificación que suponga la pérdida de una parte importante del salario) o extracontractual (modificación que dificulte la conciliación de la vida laboral o familiar o el cuidado de padres o de hijos de la persona trabajadora o que dificulte o imposibilite el mantenimiento de un pluriempleo anterior: STS de 3 de junio de 1987).

Esta rescisión contractual cabrá incluso en el caso de que se hubiese optado por impugnar judicialmente la decisión empresarial modificativa y no se hubiese obtenido una sentencia favorable, pese a la literalidad de la ley ("el trabajador que no habiendo optado por la rescisión del contrato se muestre disconforme con la decisión empresarial, podrá impugnarla ante la jurisdicción social": Art. 41.3 del ET), con base en el derecho constitucional a la tutela judicial efectiva del Art. 24.1 de la CE

3ª) Solicitar judicialmente "ex Art. 50.1 del ET" la resolución del contrato con derecho a la indemnización de 33 días de salario por año de servicio, prorrateándose por meses los periodos inferiores aun año, hasta un máximo de 24 mensualidades (Art. 50.2 del ET), cualquiera que sea la condición modificada, cuando la modificación sustancial se hubiera producido *"sin respetar lo previsto en el Art. 41 del ET"* y redundase *"en menoscabo de la dignidad del trabajador"*.

Los Tribunales vienen interpretando esta causa resolutoria del siguiente modo:

a) Será necesario que la persona trabajadora resulte real y efectivamente perjudicada con la modificación (por todas, SS.TS de 31 de mayo de 1991 o de 8 de febrero de 1993).

b) Deberán probarse en juicio los concretos perjuicios que se estiman producidos (por todas, SS.TS de 2 de febrero de 1993 o de 18 de julio de 1996).

c) La prueba de los perjuicios causados pertenece al actor, esto es, a la persona trabajadora (por todas, SS.TS de 18 de marzo de 18 de julio de 1996).

d) Jugará la causa resolutoria, aunque no se aprecie voluntad maliciosa en la conducta empresarial, bastando con que la modificación sustancial redunde en perjuicio de la dignidad de la persona trabajadora (por todas, STS de 8 de febrero de 1993).

e) El plazo de prescripción de la acción resolutoria será el general de un año del Art. 59.1 del ET (por todas, STS de 24 de marzo de 1988).

f) Por tratarse de una resolución judicial y no extrajudicial del contrato, la jurisprudencia viene manteniendo que esta acción resolutoria sólo será posible en el caso de que "se mantenga viva la relación laboral hasta que decida el órgano judicial" (por todas, STS de 9 de junio de 1987).

g) De haberse solicitado solamente en la demanda resolutoria la indemnización superior prevista en el Art. 50.2 del ET, en el caso de no demostrarse los perjuicios del Art. 50.1 del ET, no podrá el órgano judicial entrar a valorar la posible presencia del perjuicio simple del Art.41.3 del ET, ya que incurriría en incongruencia procesal (por todas, SS.TSJ de la Comunidad Valenciana, de 13 de diciembre de 1995 o del País Vasco, de 7 de julio de 1995). En todo caso, será posible solicitar en la misma demanda la resolución judicial del contrato "ex Art. 50.2 del ET" y, subsidiariamente, para el caso de que no se hubiesen probado los perjuicios allí previstos, la resolución contractual "ex Art. 41.3 del ET".

h) Junto a la indemnización prevista en el Art. 50.2 del ET, será posible solicitar otra indemnización de daños y perjuicios en el caso de que la modificación sustancial haya supuesto lesión de algún derecho fundamental de la persona trabajadora (SS. TS de 17 de mayo de 2006 o de 20 de septiembre de 2007). Esta posibilidad ha sido legalizada explícitamente en los Arts. 26.2, 182 y 183 de la LJS.

54. LOS EFECTOS DE LA MODIFICACIÓN SUSTANCIAL COLECTIVA

En principio, los efectos de una modificación de condiciones de trabajo de carácter colectivo serán los mismos que los de una modificación de carácter individual/plural, incluso en el caso de que haya habido acuerdo entre la empresa y los representantes del personal (STS de 23 de junio de 1988).

Las únicas peculiaridades de la modificación contractual colectiva son las siguientes:

1ª) En primer lugar, contra las decisiones empresariales se podrá reclamar a través del procedimiento especial de conflicto colectivo, sin perjuicio de las acciones individuales a través del procedimiento especial del Art. 138 de la LJS. La interposición del conflicto colectivo paralizará la tramitación de las acciones individuales iniciadas hasta su resolución, que una vez firme tendrá efectos de cosa juzgada sobre los procesos individuales (Arts. 41.5 del ET y 138.4 de la LJS). Desde luego, cabrá plantear conflicto colectivo, aunque no hubiera habido impugnación por parte de las personas trabajadoras individuales afectados (STS de 3 de abril de 1995).

Las sentencias dictadas en estos procedimientos de conflicto colectivo serán recurribles, siendo ésta la única manera de obtener una cierta doctrina jurisprudencial en materia de modificaciones sustanciales de condiciones de trabajo de origen contractual.

2ª) En segundo lugar, el acuerdo logrado en el periodo de consultas entre la empresa y los representantes de las personas trabajadoras o, en su caso el laudo arbitral sustitutorio, podrán ser impugnados judicialmente por el procedimiento de impugnación de los convenios colectivos (Arts. 85.1 y 91 del ET, regulado en los Arts. 163 a 166 de la LJS).

Ahora bien, como señala el Art. 41.4, in fine del ET, "cuando el período de consultas finalice con acuerdo, se presumirá que concurren las causas justificativas a que alude el apartado 1 y solo podrá ser impugnado ante la jurisdicción competente por la existencia de fraude, dolo, coacción o abuso de derecho en su conclusión".

55. LAS SANCIONES ADMINISTRATIVAS

El Art. 7.6 de la LISOS establece que constituye infracción grave "la modificación de las condiciones sustanciales de trabajo impuesta unilateralmente por el empresario, sin acudir a los procedimientos establecidos en el Art. 41 del ET".

Con independencia de que la LISOS hable incorrectamente de "la modificación de las condiciones sustanciales de trabajo" y no de "la modificación sustancial de las condiciones de trabajo", la modificación sustancial efectuada por el empresario sin justificar en las causas o cumplir con el procedimiento previstos en el Art. 41 del ET será susceptible de sanción administrativa por infracción grave del ordenamiento laboral.

56. EL CARÁCTER MÍNIMO IMPERATIVO DEL ART. 41 DEL ET

En principio, con carácter general, el Art. 41 del ET en relación con la negociación colectiva y con la contratación individual posee la naturaleza de norma mínima imperativa, impeditiva del establecimiento de un régimen jurídico de las modificaciones sustanciales de las condiciones de trabajo menos favorable para los trabajadores que el establecido en él (por todas, SAN de 12 de junio de 1995).

No obstante, la ley ha establecido expresamente el carácter dispositivo de ciertos aspectos procedimentales de la modificación sustancial en dos ocasiones:

1ª) En primer lugar, respecto del periodo de consultas establecido para las modificaciones sustanciales de carácter colectivo. Así, el Art. 41.4 del ET establece, primero, que "sin perjuicio de los procedimientos específicos que puedan establecerse en la negociación colectiva, la decisión de modificación sustancial de condiciones de trabajo de carácter colectivo deberá ir precedida ...de un periodo de consultas"; y, más tarde, que "el empresario y la representación de los trabajadores podrán acordar en cualquier momento la sustitución del periodo de consultas por el procedimiento de mediación o arbitraje que sea de aplicación en el ámbito de la empresa".

2ª) Y, en segundo lugar, en relación con la modificación sustancial que afecte a las funciones cuando excediese de los límites que para la movilidad funcional establece el Art. 39 del ET. Así, el Art. 39.4 del ET señala que "el cambio de funciones distintas de las pactadas no incluido en los supuestos previstos en este artículo requerirá el acuerdo de las partes o, en su defecto, el sometimiento a las reglas previstas para las modificaciones sustanciales de condiciones de trabajo o a las que a tal fin se hubieran establecido en convenio colectivo".

Por su parte, resulta obvio que el régimen procesal impugnatorio de las decisiones empresariales modificativas posee un carácter imperativo absoluto, impidiendo así cualquier modificación convencional o contractual.

A salvo, ciertamente, el régimen indemnizatorio previsto legalmente que, por su carácter mínimo imperativo, admitiría su mejora convencional o contractual.

Capítulo Segundo
LA MODIFICACIÓN DE LAS CONDICIONES NACIDAS DE UN CONVENIO COLECTIVO ESTATUTARIO

57. LOS DISTINTOS SUPUESTOS PLANTEABLES

Una empresa podrá cambiar el convenio colectivo aplicable a sus personas trabajadoras por distintas causas:

a) Bien en el caso ordinario por pérdida de vigencia del convenio colectivo anteriormente aplicable.

b) Bien por negociarse un convenio colectivo de empresa, de grupo de empresas o de una pluralidad de empresas vinculadas por razones organizativas o productivas y nominativamente identificadas vigente y aplicable un convenio colectivo de ámbito superior.

c) Bien por negociarse un acuerdo interprofesional o un convenio colectivo sectorial de Comunidad Autónoma vigente y aplicable un convenio colectivo estatal.

d) Bien por tratarse de una empresa que sustituye a otra anterior en caso de sucesión de empresa.

e) Bien por movilizar geográficamente al trabajador mediante un desplazamiento o un traslado.

f) Bien por error en la aplicación de un determinado convenio colectivo, cuyo ámbito funcional no se corresponde con la actividad desarrollada por la empresa.

g) Bien por la inexistencia de convenio colectivo aplicable a la empresa.

h) Bien por tratarse de una empresa contratista o subcontratista.

i) Bien por las causas legales que justifican la modificación e inaplicación de las condiciones establecidas en el convenio.

58. EL CAMBIO DE CONVENIO COLECTIVO POR PÉRDIDA DE VIGENCIA DEL CONVENIO COLECTIVO ANTERIORMENTE APLICABLE, MANTENIENDO LA MISMA UNIDAD DE NEGOCIACIÓN

Las reglas legales acerca de la vigencia de los convenios colectivos son las siguientes:

1ª) Corresponde a las partes la fijación de la fecha de entrada en vigor del convenio (Art. 90.4 del ET), fecha que podrá ser la de publicación oficial del convenio, anterior o posterior a ella e, incluso, anterior a la finalización de las negociaciones, admitiéndose la retroactividad total o parcial del convenio (STS de 29 de diciembre de 2004), al permitir la ley, con carácter general, pactar distintos períodos de vigencia "para cada materia o grupo homogéneo de materias dentro del mismo convenio" (Art. 86.1 in fine del ET), si bien debiendo respetarse "los derechos ya nacidos y consumados por pertenecer al patrimonio del trabajador" (SS.TS de 7 de julio de 2014 o de 10 de noviembre de 2015).

Las prácticas más frecuentes en este sentido son las de pactar hacia el futuro que las condiciones salariales duren menos tiempo que el convenio colectivo (estableciendo cláusulas salariales de revisión salarial) y, hacia el pasado, que las condiciones económicas del nuevo convenio se apliquen al período que medie entre la terminación de la vigencia del convenio anterior y la entrada en vigor del nuevo (STS de 15 de septiembre de 1989). En este último sentido, el convenio colectivo resultará aplicable no sólo a los trabajadores que mantuviesen vivo su contrato de trabajo en la fecha de firma del mismo, sino también a los que han prestado servicios en el pasado y en tal fecha ya habían extinguido su contrato (STS de 13 de noviembre de 2007).

La fijación de la duración del convenio corresponde igualmente a las partes negociadoras, no estableciéndose en el ET una duración mínima o máxima, pudiéndose establecer duraciones distintas para cada materia o grupo homogéneo de materias (así, por ejemplo, en materia salarial: STS de 15 de septiembre de 1989) o, incluso, duraciones indefinidas para todas o parte de las materias acordadas (Art. 86.1 del ET).

2ª) Durante la vigencia del convenio colectivo, los sujetos que reúnan los requisitos de legitimación previstos en los Arts. 87 y 88 del ET podrán negociar su revisión anticipada (Art. 86.1 del ET; STS de 21 de mayo de 1997).

3ª) La finalización de la vigencia del convenio colectivo, salvo pacto en contrario, se produce con la llegada del término final pactado, previa denuncia de una de las partes negociadoras y en los términos que se hubiesen establecido en el propio convenio (Art. 86.2 y 3 del ET) (STS de 21 de mayo de 1997).

En caso de falta de denuncia, el convenio colectivo se prorrogará de año en año, salvo pacto en contrario (Art. 86.2 del ET), lo que determina que la vigencia prorrogada tiene carácter dispositivo y puede excluirse por las partes (STS de 9 de marzo de 2009) o pactar una prórroga menor o mayor que la legal de año a año, pactar una prórroga indefinida en tanto no medie denuncia o la denuncia tácita o automática con la llegada del término final.

La denuncia habrá de ser hecha por alguna de las partes que negociaron el convenio colectivo, esto es, por sujetos que tienen legitimación plena, no bastando la legitimación inicial (STS de 21 de mayo de 1997). No obstante, la denuncia efectuada por los sujetos que tengan una simple legitimación inicial producirá plenos efectos sobre la vigencia de un convenio, si la mesa negociadora se constituye posteriormente con los sujetos que suman la legitimación plena. No pudiendo, desde luego, realizar la denuncia empresas aisladas o trabajadores afectados por el convenio.

La STS de 21 de mayo 1997 vincula la legitimación para denunciar no con los sujetos que firmaron o no el convenio sino con los que tengan la legitimación plena en el momento de la denuncia para constituir la mesa negociadora del nuevo convenio.

Por lo demás, la denuncia podrá realizarse "ante tempus" por mutuo acuerdo de las partes (STS de 18 de octubre de 2004), siempre que los sujetos que negocien la revisión del convenio reúnan los requisitos de legitimación previstos en los Arts. 87 y 88 del ET (Art. 86.1 del ET: “durante la vigencia del convenio colectivo, los sujetos que reúnan los requisitos de legitimación previstos en los artículos 87 y 88 podrán negociar su revisión”).

Cabría pensar en la posibilidad de que una de las partes pretendiera la denuncia “ante tempus” por aplicación de la claúsula “rebus sic stantibus”. Sin embargo, la doctrina judicial se muestra reticente a su admisión “dado que su limitada vigencia (del convenio) y fundamentalmente la libertad de las partes para crear nuevos y posteriores convenios, hacen más dinámica la solución para situaciones de desequilibrio que puedan sobrevenir” (STCT de 20 de abril de 1987), pudiendo además la empresa descolgarse del convenio en una serie de materias (Art. 82.3 del ET).

La denuncia habrá de ser expresa, por escrito o, al menos, mediante conducta inequívoca de la parte denunciante. La forma, las condiciones y el plazo de la denuncia serán fijados obligatoriamente por las partes negociadoras en el convenio colectivo (Art. 85.3.d) del ET).

La denuncia habrá de hacerse a la contraparte en la negociación, debiendo enviarse una copia de la misma a la autoridad administrativa laboral para su registro (Art. 2.2 del RD 713/2010, de 28 de mayo).

4ª) Durante las negociaciones para la renovación de un convenio colectivo, en defecto de pacto, se mantendrá su vigencia, si bien las cláusulas convencionales por las que se hubiera renunciado a la huelga durante la vigencia de un convenio decaerán a partir de su denuncia. Las partes podrán adoptar acuerdos parciales para la modificación de alguno o algunos de sus contenidos prorrogados con el fin de adaptarlos a las condiciones en las que, tras la terminación de la vigencia pactada, se desarrolle la actividad en el sector o en la empresa. Estos acuerdos tendrán la vigencia que las partes determinen.

5ª) Transcurrido un año desde la denuncia del convenio colectivo sin que se haya acordado un nuevo convenio, las partes deberán someterse a los procedimientos de mediación regulados en los acuerdos interprofesionales de ámbito estatal o autonómico previstos en el Art. 83 del ET, para solventar de manera efectiva las discrepancias existentes.

Asimismo, siempre que exista pacto expreso, previo o coetáneo, las partes se someterán a los procedimientos de arbitraje regulados por dichos acuerdos interprofesionales, en cuyo caso el laudo arbitral tendrá la misma eficacia jurídica que los convenios colectivos y solo será recurrible conforme al procedimiento y en base a los motivos establecidos en el Art. 91 del ET.

Sin perjuicio del desarrollo y solución final de los citados procedimientos de mediación y arbitraje, en defecto de pacto, cuando hubiere transcurrido el proceso de negociación sin alcanzarse un acuerdo, se mantendrá la vigencia ultraactiva del convenio colectivo.

6ª) El convenio que sucede a uno anterior deroga en su integridad a este último, salvo los aspectos que expresamente se mantengan.

59. EL CAMBIO DE CONVENIO COLECTIVO POR PÉRDIDA DE VIGENCIA DEL CONVENIO COLECTIVO ANTERIORMENTE APLICABLE, CAMBIANDO LA UNIDAD DE NEGOCIACIÓN

El ET, como consecuencia del papel que constitucionalmente se otorga a la autonomía colectiva, parte de la libertad de los negociadores en la fijación de las unidades de negociación. El Art. 83.1 del ET establece, en este sentido, que "*los convenios colectivos tendrán el ámbito de aplicación que las partes acuerden*".

Sin embargo, los negociadores no tienen una absoluta libertad para establecer el ámbito del convenio. En efecto, como ha declarado el Tribunal Supremo con reiteración, la libertad de negociación que consagra el Art. 83.1 del ET no es incondicionada, sino que está sometida a determinadas limitaciones que se relacionan con la propia representatividad de las organizaciones pactantes y con las exigencias que derivan de las previsiones del Estatuto de los Trabajadores sobre concurrencia y articulación de convenios (SS.TS de 20 de septiembre de 1993, de 23 de junio de 1994, de 26 de enero de 2012, de 13 de junio de 2012, de 23 de septiembre de 2014 o de 24 de noviembre de 2015).

La regla general en materia de concurrencia convencional es la consagrada en el Art. 84.1 del ET, en virtud del cual "*un convenio colectivo, durante su vigencia, no podrá ser afectado por lo dispuesto en convenios de ámbito distinto salvo pacto en contrario, negociado conforme a lo dispuesto en el artículo 83.2, y salvo lo previsto en el apartado siguiente*".

Esta garantía de no afectación tiene por finalidad, también según constante jurisprudencia, la de evitar que en el ámbito de aplicación territorial o funcional, cubierto por un convenio colectivo estatutario, se introduzca una nueva regulación negociada, que coincida en todo o en parte, con alguno de dichos ámbitos (por todas, SS.TS de 28 de octubre de 1999, de 27 de marzo de 2000, de 3 de mayo de 2000, de 17 de octubre de 2001, de 17 de julio de 2002, de 16 de noviembre de 2002, de 20 de mayo de 2003, de 5 de marzo de 2008 o de 30 de junio de 2009).

Así, el Art. 84.1 del ET, para resolver los posibles conflictos de concurrencia entre convenios, ha optado por un criterio de prioridad temporal que deriva del principio *"pacta sunt servanda"*, de forma que, si existe un convenio vigente y válido entre dos partes en el ámbito de la actividad realizada por la empresa, el mismo ha de ser cumplido y respetado por el término pactado. Como señala la STS de 30 de diciembre de 2015, "*solamente cuando esa vigencia acabe será posible que la unidad de negociación caiga bajo el ámbito de otro convenio distinto*".

En consecuencia, se hace imprescindible determinar, en primer lugar, cuándo acaba la *"vigencia"* del convenio colectivo prevalente y resulta posible que *"caiga"* la unidad de negociación o, si se prefiere, cuál es el término final de la regla de prohibición de concurrencia.

Queda fuera de toda duda que tanto durante la vigencia inicialmente pactada por las partes como durante la vigencia prorrogada del Art. 86.2 del ET por falta de denuncia expresa de una de las partes —que se asimila a la vigencia plena del convenio por voluntad de las partes— rige la prohibición de concurrencia de convenios. Sin embargo, el tema se complica cuando se trata de determinar si la *"vigencia"* ultraactiva del Art. 84.1 del ET comprende la prórroga del convenio prevista en el Art. 86.3 del ET.

Como regla general, el Tribunal Supremo ha mantenido que la prohibición de afectación no se aplica a los convenios en situación de ultraactividad del Art. 86.3 del ET, ya que esta prórroga de efectos "*no es confundible con la vigencia a que se refiere el artículo 84 del mismo cuerpo legal*", pues otra conclusión "*supondría la "petrificación" de la estructura de la negociación colectiva y sería contraria a un sistema de libre negociación, en tanto que quedarían predeterminadas externamente las unidades correspondientes*" (SS.TS de 2 de febrero de 2004 o de 17 de mayo de 2004).

En este mismo sentido, la STS de 21 de diciembre de 2005 señalaba que el período de vigencia a que el precepto se refiere no puede incluir el posible período de ultraactividad del Art. 86.3 ET, pues se trata de dos conceptos diferentes (SS.TS de 23 de octubre de 1995 y de 2 de febrero de 2004). La STS de 20 de Junio de 2012 matizaba que "*inexistente un nuevo acuerdo entre los interlocutores sociales con legitimación para ello, pierde toda virtualidad la regulación excepcional que permite la ultraactividad del Convenio cuya vigencia ordinaria ha terminado, y que ha servido de parapeto contra la inmersión dentro del ámbito de aplicación del Convenio Colectivo de ámbito superior, y en su consecuencia, esa nueva situación hace desaparecer la misma justificación de la excepción, que desde esa perspectiva, debe de tenerse como no aplicable, una vez constatada la falta de acuerdo o la negociación en términos puramente formales, que incumplen el sentido y la finalidad perseguida por la cláusula de excepción*".

No obstante, esta regla general se exceptuó con el fin de proteger la unidad de negociación inferior preexistente frente a su absorción por las de ámbito superior cuando la negociación de sustitución de aquella estuviese activa. Así, la prohibición de concurrencia persiste, una vez finalizada la vigencia del convenio y durante el periodo de ultraactividad, puesto que durante este periodo se mantiene la expectativa de la negociación de un nuevo convenio ("*es cierto que en algunas sentencias de la Sala se admite la protección de la unidad de negociación anterior –la denominada «impermeabilización»–, cuando, expirada la vigencia del convenio y denunciado éste, se ha iniciado la negociación de otro convenio en la misma unidad (sentencia de 29 de enero de 1997) (…) "esta conservación de la unidad de negociación tenía la finalidad de proteger las unidades inferiores, para que éstas no quedaran absorbidas por las de ámbito superior (…) esa protección requiere además que la negociación esté activa*", STS de 17 de Mayo de 2004). La impermeabilización no dependía, pues, "*de que las condiciones laborales reguladas en el convenio de ámbito superior puedan ser más beneficiosas en su conjunto para los trabajadores que las del convenio de ámbito inferior... sino, exclusivamente, de que deba entenderse finalizado sin acuerdo el proceso negociador "activo" (...) de la norma convencional de inferior o más reducido ámbito territorial*" (STS de 20 de junio de 2012, Rec. 31/2011).

Como consecuencia de esta tesis jurisprudencial de la *"impermeabilización"* de las unidades de negociación inferiores respecto de las superiores, la entrada en vigor del convenio de ámbito superior se producirá normalmente por el transcurso del término máximo legal o convencionalmente establecido para la situación de ultraactividad o bien, excepcionalmente, por finalización del proceso de revisión del convenio inferior por ruptura definitiva de las negociaciones (STS de 10 de Diciembre de 2012).

Pero, más tarde, la jurisprudencia dio un paso más, entendiendo aplicable también la *"tesis de la impermeabilización"* a las unidades de negociación superior respecto de las inferiores. En efecto, la STS de 30 de diciembre de 2015 señaló, sin hacer distinciones, que *"la prohibición de concurrencia persiste, una vez finalizada la vigencia del convenio y durante el periodo de ultraactividad del mismo, puesto que durante este periodo se mantiene la expectativa de la negociación de un nuevo convenio. La protección legal de la unidad de negociación no se refiere a un convenio aislado, sino a la unidad de negociación delimitada históricamente por la sucesión temporal de diversos convenios"*. Esta misma fue la línea interpretativa seguida por las SS.TS de 12 de diciembre de 2018 o de 21 de enero de 2019, al señalar que el convenio colectivo denunciado mantiene totalmente su vigencia desde que se produce la denuncia hasta un año después, aunque se encuentre en situación de ultraactividad, salvo cuando se acredite que esa unidad negociadora se ha abandonado definitivamente: *"superado ese plazo, o acreditado definitivamente el abandono de la unidad negociadora, no habría problema alguno para abrir nuevas unidades de negociación, que ya no concurrirían con el convenio caducado, puesto que habría perdido totalmente su vigencia"*.

La posterior STS de 5 de octubre de 2021 ha supuesto, sin embargo, la vuelta a la posición interpretativa tradicional del Tribunal Supremo sobre el tema. En efecto, la Sentencia señala en este sentido que *"la prohibición de concurrencia entre convenios colectivos que proclama como regla general el Art. 84.1 ET se extiende durante la vigencia del convenio preexistente. Expresión legal que hay que entender como la referida a la vigencia inicial prevista en el convenio o prorrogada expresamente por las partes, pero no al período posterior a tal vigencia, una vez el convenio ha sido denunciado, conocido como de vigencia ultraactiva, ya sea prevista en el propio convenio o, en su defecto, la establecida en el Art. 86.3 ET".*

La duda que plantea esta Sentencia es la de si para este fallo se han tenido en cuenta los hechos concurrentes en el supuesto planteado, ya que se trata de un caso en el que el convenio colectivo de empresa que pretende aplicarse establece una jornada laboral superior a la establecida en el convenio colectivo sectorial que se encuentra en régimen de ultraactividad, siendo por tanto el convenio colectivo sectorial el que se encuentra en periodo de ultraactividad: ¿se hubiera mantenido idéntica doctrina en el caso de que el convenio colectivo en régimen de ultraactividad hubiese sido el convenio de empresa o se habría excepcionado, como hasta ahora, la regla interpretativa para proteger la absorción del convenio de empresa por el de ámbito superior?

A la vista de la rotundidad de la doctrina sentada por la Sentencia, parecería que la vuelta a la tesis "*clásica*" se ha hecho *"sin fisuras"*, esto es, para todos los casos, se trate de convenios de empresa o sectoriales los que se encuentren en situación de ultraactividad y, desde luego, con independencia del contenido favorable o desfavorable de los convenios concurrentes. Pero, puesto que ello supondría que se habría dejado atrás la *"impermeabilización"* de las unidades de negociación inferiores preexistentes y, con ella, la consiguiente protección de los niveles inferiores de negociación frente a su absorción por los de ámbito superior cuando las negociaciones de sustitución se encuentren activas, no parece que sea ésta la intención de la Sentencia, centrada en el supuesto planteado, tratándose de un caso en el que es el convenio colectivo sectorial el que se encuentra en régimen de ultraactividad.

Por lo demás, la modificación del régimen de la ultraactividad por parte del Real Decreto-Ley 32/2021, de 28 de diciembre, no afectó en absoluto a la cuestión planteada por cuanto los cambios de unidad de negociación siguen sin regular legalmente por no haber sido abordados, desgraciadamente, en las posteriores Reformas.

Ahora bien, el principal problema que plantea la prohibición de concurrencia aplicativa de convenios colectivos de distinto ámbito funcional y territorial es el del momento a partir del cual surte efectos el impedimento contemplado en el Art. 84 del ET.

Ante el silencio de la ley sobre el particular, que solamente se refiere a la *"vigencia"* del convenio colectivo anterior afectado por la concurrencia, existe una coincidencia jurisprudencial y doctrinal en señalar que, para solucionar los problemas de relación entre distintos niveles de negociación, habrá de utilizarse el criterio de la prioridad temporal (*"prior in tempore, potior in iure"*), siendo el convenio que antes se negocie el que impondrá su nivel. Se producirá, así, en todo caso, una *"carrera contra reloj"* entre los diferentes sujetos colectivos para apropiarse de la unidad de negociación.

Pero, a partir de este criterio genérico, de pacífica aceptación por todos, se plantea el problema de determinar concretamente en qué momento un convenio colectivo se entiende existente y puede reclamar para sí su prioridad frente a otros que pretendiesen disputarle su espacio aplicativo o, lo que es lo mismo, a partir de qué fecha el convenio colectivo anterior en el tiempo pierde su prioridad aplicativa y abre la posibilidad de que otro convenio, de distinto ámbito, ocupe su espacio aplicativo, en todo o en parte.

En este sentido, han sido básicamente tres las posiciones doctrinales mantenidas acerca de la fecha de afectación de la prohibición de concurrencia. A saber:

1ª) En primer lugar, la de los que entienden que la fecha se corresponde con el efectivo fin de las negociaciones, esto es, con la fecha de la aprobación y firma del convenio por las partes en la Comisión Negociadora. Esta ha sido la solución seguida por la STS de 12 de junio de 2009.

Esta posición, naturalmente respetuosa con la autonomía colectiva de las partes negociadoras, resulta ciertamente criticable desde la perspectiva de la seguridad jurídica, ya que la determinación de esta fecha carece de un control objetivo, quedando al arbitrio de las partes y exigiendo seguramente para hacerla valer judicialmente de una prueba cuasi-diabólica.

2ª) En segundo lugar, la de los que consideran, en el otro extremo, que la fecha de afectación del principio de no concurrencia se corresponde con la fecha de la publicación de los convenios colectivos concurrentes en el Boletín Oficial correspondiente, lo que garantiza sin duda la seguridad jurídica y una prueba judicial fácil y fehaciente.

Se argumenta a favor de esta tesis que es a partir de su publicación oficial que una norma —y el convenio colectivo estatutario sin duda lo es—, existe jurídicamente (Arts. 3.3 y 82.3 del ET; por todas, SS.TC 58/1985, de 30 de abril, 105/1992, de 1 de julio o 151/1994, de 23 de mayo; SS.TS, u.d. de 7 de octubre de 1992 o de 4 de mayo de 1994). En este sentido se han manifestado las SS.TS de 7 de mayo de 1992, de 28 de noviembre de 2004 o de 11 de febrero de 2014.

A mi juicio esta tesis confunde la *"vigencia"* del convenio colectivo con el *"principio de no concurrencia aplicativa"* del Art. 41 del ET. Esta posición resulta ampliamente criticable y criticada por una serie de razones, siendo la primera y principal la de su falta de respeto a la constitucionalmente exigible autonomía colectiva de las partes negociadoras (Art. 37.1 de la CE), dado que la publicación de un convenio colectivo en el Boletín Oficial, de acuerdo con el Art. 90.3 del ET, corresponde a la autoridad laboral y no a las partes negociadoras, lo que significaría una intervención administrativa abusiva en el proceso de negociación colectiva, tanto más cuando la publicación no añade nada al contenido del convenio, *"reduciéndose a una mera operación formal"*.

Así, la fecha de publicación oficial del convenio colectivo resulta aleatoria, dependiendo de cada Boletín Oficial, cuyo funcionamiento resulta en ocasiones deficiente y sobre la que no existe control alguno por las partes. En definitiva, se impide así una mínima certeza para los negociadores respecto de la fecha de publicación de un convenio.

3ª) En tercer lugar, finalmente, la de quienes consideran que la fecha de afectación de la prohibición de concurrencia debe ser la fecha de la solicitud de registro del convenio, solución mayoritariamente mantenida por la doctrina.

La fecha de solicitud de inscripción en el Registro de Convenios cumple ciertamente con los dos requisitos fundamentales exigibles. De un lado, esta solución es respetuosa con la autonomía colectiva de las partes negociadoras, constitucionalmente exigible, por cuanto la solicitud de inscripción registral corresponde a ellas (Art. 90.2 del ET). De otro lado, cumple suficientemente con los principios de seguridad jurídica y de publicidad, al existir una prueba fehaciente y pública de la misma.

Aunque, obviamente, esta solución no está exenta de críticas —fundamentalmente, la relativa incomunicabilidad entre los distintos Registros— a mi juicio, por todas las razones anteriores, la fecha de la solicitud de inscripción registral de los convenios colectivos debe ser la que determine la afectación de la prohibición de concurrencia aplicativa del Art. 84.1 del ET. Esta última tesis interpretativa no ha obtenido, sin embargo, apoyo jurisprudencial hasta la fecha.

60. EL CAMBIO DE CONVENIO COLECTIVO APLICABLE POR NEGOCIARSE UN CONVENIO COLECTIVO DE EMPRESA, DE GRUPO DE EMPRESAS O DE UNA PLURALIDAD DE EMPRESAS VINCULADAS POR RAZONES ORGANIZATIVAS O PRODUCTIVAS Y NOMINATIVAMENTE IDENTIFICADAS VIGENTE Y APLICABLE UN CONVENIO COLECTIVO DE ÁMBITO SUPERIOR

El Art. 84.2 del ET establece que un convenio colectivo de empresa, de grupo de empresas o de una pluralidad de empresas vinculadas por razones organizativas o productivas y nominativamente identificadas *"podrá negociarse en cualquier momento de la vigencia de convenios colectivos de ámbito superior"*, teniendo prioridad aplicativa respecto del convenio sectorial estatal, autonómico o de ámbito inferior en las siguientes materias:

a) El abono o la compensación de las horas extraordinarias y la retribución específica del trabajo a turnos.

b) El horario y la distribución del tiempo de trabajo, el régimen de trabajo a turnos y la planificación anual de las vacaciones.

c) La adaptación al ámbito de la empresa del sistema de clasificación profesional de las personas trabajadoras.

d) La adaptación de los aspectos de las modalidades de contratación que se atribuyen por esta ley a los convenios de empresa.

e) Las medidas para favorecer la corresponsabilidad y la conciliación entre la vida laboral, familiar y personal.

f) Aquellas otras que dispongan los acuerdos interprofesionales y convenios colectivos marco a que se refiere el Art. 83.2 del ET, si bien estos acuerdos y convenios no podrán disponer de la prioridad aplicativa legalmente prevista, por tratarse de una norma indisponible, siendo nulas las cláusulas de éstos que tratasen de limitar la prioridad aplicativa del convenio de empresa o asimilado concurrente (STS de 26 de marzo de 2014).

Cuestionada la constitucionalidad de esta prioridad aplicativa de los convenios colectivos de empresa, de grupo de empresas y de empresas vinculadas, por entenderse atentatoria del derecho de negociación colectiva y la fuerza vinculante de los convenios colectivos y de la libertad sindical, las SS.TC de 16 de julio de 2014 y de 22 de enero de 2015 han declarado su constitucionalidad.

61. EL CAMBIO DE CONVENIO COLECTIVO APLICABLE POR NEGOCIARSE UN ACUERDO INTERPROFESIONAL O UN CONVENIO COLECTIVO SECTORIAL DE COMUNIDAD AUTÓNOMA VIGENTE Y APLICABLE UN CONVENIO COLECTIVO ESTATAL

El Art. 84.3 y 4 del ET fue modificado por el Real Decreto-Ley 7/2023 (BOE de 20 de diciembre de 2023), que estableció que: "*3. No obstante lo establecido en el artículo anterior, en el ámbito de una comunidad autónoma, los sindicatos y las asociaciones empresariales que reúnan los requisitos de legitimación de los artículos 87 y 88, podrán negociar convenios colectivos y acuerdos interprofesionales en la comunidad autónoma que tendrán prioridad aplicativa sobre cualquier otro convenio sectorial o acuerdo de ámbito estatal, siempre que dichos convenios y acuerdos obtengan el respaldo de las mayorías exigidas para constituir la comisión negociadora en la corres-*

pondiente unidad de negociación y su regulación resulte más favorable para las personas trabajadoras que la fijada en los convenios o acuerdos estatales.

4. En el supuesto previsto en el apartado anterior, se considerarán materias no negociables en el ámbito de una comunidad autónoma el periodo de prueba, las modalidades de contratación, la clasificación profesional, la jornada máxima anual de trabajo, el régimen disciplinario, las normas mínimas en materia de prevención de riesgos laborales y la movilidad geográfica."

Con base en este precepto, se permitía que en la negociación colectiva de una Comunidad Autónoma pudieran establecerse libremente condiciones distintas a las establecidas en los convenios colectivos sectoriales estatales y aplicarse aún vigentes estas últimas, siempre y cuando no se refiriesen a alguna de las materias excepcionadas en el párrafo tercero del Art. 84 del ET y siempre además que fueran más favorables para las personas trabajadoras que las fijada a nivel estatal, operación comparativa que planteaba sin duda alguna problemas de conflictividad y de inseguridad jurídica aplicativa.

Pero este Real Decreto-Ley 7/2023 no fue convalidado dentro de los treinta días siguiente a su promulgación, conforme indica el Art. 86.2 de la Constitución, por lo que se produjo la inmediata cesación de los efectos del mismo y su desaparición del ordenamiento, aunque no la anulación de los efectos producidos durante su corta vigencia.

62. EL CAMBIO DE CONVENIO COLECTIVO APLICABLE EN LOS CASOS DE SUCESIÓN DE EMPRESA

Para el caso de sucesión de empresa, el Art. 44.4 del ET establece que "*salvo pacto en contrario, establecido mediante acuerdo de empresa entre el cesionario y los representantes de los trabajadores una vez consumada la sucesión, las relaciones laborales de los trabajadores afectados por la sucesión seguirán rigiéndose por el convenio colectivo que en el momento de la transmisión fuere de aplicación en la empresa, centro de trabajo o unidad productiva autónoma transferida*".

Así pues, en estos casos solamente cabrá el cambio de convenio aplicable en la empresa, centro de trabajo o unidad productiva autónoma transferida cuando finalice la vigencia del convenio colectivo aplicable en la empresa cedente en el momento de la transmisión, salvo que la empresa cesionaria acuerde otra cosa con los representantes de las personas trabajadoras una vez consumada la sucesión, acuerdo que podrá establecer, bien la aplicación del convenio sectorial en el caso de que existiese con anterioridad un convenio propio en la empresa cedente, bien la aplicación de un convenio colectivo propio de la empresa cesionaria (STS de 21 de diciembre de 2023, Rec.163/2021).

63. EL CAMBIO DE CONVENIO COLECTIVO DERIVADO DE UNA MOVILIZACIÓN GEOGRÁFICA DE LA PERSONA TRABAJADOR

En todos los supuestos de movilidad geográfica (cambios de centro de trabajo dentro de la misma localidad, traslados o desplazamientos), bien sea por voluntad de la persona trabajadora o por voluntad del empresario y, en este último caso, bien sea por causas económicas, técnicas, organizativas o de producción o por razones disciplinarias, los trabajadores movilizados pasan automáticamente a regirse por el convenio colectivo aplicable en el nuevo lugar de trabajo, si bien, naturalmente, solo en el caso de que se trate de un convenio distinto al aplicable hasta entonces (en los casos de aplicación de distintos convenios sectoriales territoriales o de la existencia de distintos convenios colectivos de centro de trabajo), aunque cabría mantener por pacto —colectivo o individual— las condiciones del convenio colectivo anterior en el caso de ser más favorables al trabajador (ver supra).

64. EL CAMBIO DE CONVENIO COLECTIVO POR ERROR EN LA APLICACIÓN DE UN DETERMINADO CONVENIO COLECTIVO, CUYO ÁMBITO FUNCIONAL NO SE CORRESPONDE CON LA ACTIVIDAD DESARROLLADA POR LA EMPRESA

Para este supuesto, frecuente en la práctica empresarial, por error intencionado o no, tanto en el caso de tratarse de un convenio menos favorable o más favorable para los trabajadores que el que correspondería, no existe una norma laboral explícita que lo regule, debiendo por ello aplicarse la normativa civil, esto es, el Art. 6.1 del Código Civil, según el cual "*la ignorancia de las leyes no excusa de su cumplimiento y el error de derecho producirá únicamente aquellos efectos que las leyes determinen*", tratándose en todo caso de un "error de derecho" por parte del empresario en la aplicación del convenio colectivo, puesto que la decisión sobre la aplicación de uno u otro convenio colectivo no pertenece a la esfera de la autonomía de la voluntad sino a la de la ley aplicable.

En el primero de los casos (de aplicación de un convenio menos favorable), las personas trabajadoras podrán ciertamente demandar a la empresa ante la jurisdicción laboral reclamando que la sentencia declare la aplicación del convenio que mejor se ajuste a la actividad realizada por la empresa, pudiendo igualmente acudir previamente a la Comisión Consultiva Nacional de Convenios Colectivos o a las correspondientes Comisiones de las distintas Comunidades Autónomas competentes para que éstas diluciden el convenio colectivo efectivamente aplicable.

En este caso el problema jurídico que se plantea es el de los efectos de tales declaraciones en relación con las condiciones laborales del nuevo convenio colectivo más favorable a aplicar. A mi juicio, las personas trabajadoras, de acuerdo con lo dispuesto en el Art. 59.2 del ET, podrán desde luego reclamar a la empresa las diferencias salariales existentes entre uno y otro convenio colectivo y cuantas otras condiciones posean naturaleza cuantitativa, si bien con el límite del plazo de prescripción de un año a partir de la fecha en que la acción pudo ejercitarse, esto es, desde la fecha de la declaración del convenio colectivo aplicable. Respecto de las restantes condiciones no cuantificables, tan solo cabrá exigir su cumplimiento para el futuro.

En el segundo de los casos (de aplicación de un convenio más favorable), los problemas jurídicos que se plantean son mayores en relación con los efectos de la declaración de aplicación de un convenio colectivo menos favorable para las personas trabajadoras que el anteriormente aplicable por error empresarial. A mi juicio, cabría defender que de tal comportamiento empresarial ha surgido una condición más beneficiosa de naturaleza contractual tácita para los trabajadores que el empresario deberá respetar en el futuro.

En todo caso, las condiciones contractuales mantenidas al nivel del convenio colectivo erróneamente aplicado podrán ser a su vez modificadas o suprimidas siguiendo el procedimiento de la modificación sustancial de condiciones del Art. 41 del ET, si bien debiendo justificarse las causas (económicas, técnicas, organizativas o de producción) y siguiendo el procedimiento legalmente existente para ello, lo que no debe interpretarse como una posibilidad de utilizar el procedimiento del Art. 41 del ET para modificar las condiciones del convenio erróneamente aplicado sino simplemente para modificar las condiciones contractuales más beneficiosas para las personas trabajadoras surgidas del error empresarial. En este sentido se ha manifestado la jurisprudencia ((por todas, SS.TS de 1 de julio de 2010, de 12 de septiembre de 2015 o de 8 de junio de 2021).

Desde luego, no se trataría de un supuesto de inaplicación del convenio colectivo a que se refiere el Art. 82.3 del ET, por cuanto en este caso de lo que se trata es de inaplicar un convenio correctamente aplicado hasta entonces y no del cambio del convenio colectivo aplicable, existiendo en este caso acuerdo en la jurisprudencia acerca de las diferencias entre la modificación del convenio colectivo y el cambio de convenio colectivo aplicable (por todas, SS.TS de 29 de noviembre de 2017, Rec. 23/2017 o de 3 de febrero de 2021, Rec. 93/2019).

Por lo demás, estos problemas suelen plantearse debido al generalizado incumplimiento empresarial de lo dispuesto en el Art. 8.5 del ET —que transpone la Directiva 91/533/CEE, de 14 de octubre de 1991 y establece la obligación del empresario de informar a la persona trabajadora por escrito acerca de los "elementos esenciales del contrato y las principales condiciones de ejecución de la prestación laboral", siempre que la relación laboral tenga una duración superior a cuatro semanas y tales elementos y condiciones no figuren en el contrato de trabajo formalizado por escrito, en los términos y plazos que se determinen reglamentariamente"—, y del Art. 2.2 del RD 1659/1998, de 24 de Julio, que concreta cuáles son los elementos esenciales y las condiciones de ejecución de la prestación laboral, entre los que cita "*el* convenio colectivo aplicable a la relación laboral, precisando los datos concretos que permitan su identificación". De cumplirse fielmente con estos preceptos, sería más difícil incurrir en errores en la aplicación de los convenios colectivos que se corresponden con la actividad empresarialmente desarrollada por cuanto se denunciarían antes.

65. EL CAMBIO DE CONVENIO COLECTIVO POR LA INEXISTENCIA DE CONVENIO COLECTIVO APLICABLE A LA EMPRESA

Debido a la desidia de los negociadores de convenios colectivos a la hora de configurar los ámbitos funcionales de los convenios colectivos sectoriales, resulta excesivamente frecuente que los ámbitos funcionales de éstos se copien tal cual del convenio anterior, que a su vez se copió del anterior y así sucesivamente, llegando en algunas ocasiones a reiterar el ámbito funcional de la vieja Reglamentación de Trabajo del siglo pasado, obviando que en el ínterin han surgido una serie de subsectores de actividad que no se contemplan en el convenio, dando lugar en muchos casos a que una determinada empresa no tenga convenio colectivo aplicable.

¿Qué sucederá en el caso de que una empresa aplique, intencionadamente o por error, un convenio colectivo sectorial cuyo ámbito funcional no se corresponde con su actividad desarrollada?

A mi juicio, en estos casos, existiría en principio, la presunción de que las condiciones de ese convenio colectivo de referencia se han incorporado al contrato constituyendo una condición más beneficiosa de naturaleza contractual a respetar por el empresario en el futuro, condición que habría que respetar en cuanto a las futuras modificaciones del convenio colectivo aplicado, salvo que del tenor literal del pacto individual expreso, de existir, se dedujera otra cosa.

Esta ha sido la tesis mantenida por la jurisprudencia (SS.TS de 25 de enero de 2022 o de 21 de diciembre de 2023) al señalar que "si no hay convenio colectivo de aplicación, nada impide que las partes acuerden libremente la aplicación de uno de esos convenios colectivos, de conformidad con lo dispuesto en el Art. 3.1 c) del ET, en relación con los Art. 1089, 11091 y 12255 del Código Civil".

66. EL CAMBIO DE CONVENIO COLECTIVO DE UNA EMPRESA CONTRATISTA O SUBCONTRATISTA

El Art. 42.6 del ET establece que "*el convenio colectivo de aplicación para las empresas contratistas y subcontratistas será el del sector de la actividad desarrollada en la contrata o subcontrata, con independencia de su objeto social o forma jurídica, salvo que exista otro convenio sectorial aplicable conforme a lo dispuesto en el título III.*

No obstante, cuando la empresa contratista o subcontratista cuente con un convenio propio, se aplicará éste, en los términos que resulten del artículo 84".

Este nuevo precepto, pese al propósito pretendido de proteger a los trabajadores de las empresas contratistas y subcontratistas manifestado expresamente en la Exposición de Motivos del Real Decreto-ley 32/2021, que modificó el Art. 42.6 del ET (*"procurar la necesaria protección a las personas trabajadoras de la contrata o subcontrata, evitando una competencia empresarial basada de manera exclusiva en peores condiciones laborales"*), no impone, sin embargo, la equiparación salarial de los trabajadores de éstas a los de la empresa principal como sucede con las ETTs.

En este sentido, resulta clara la inexistencia de equiparación salarial en los casos en que la empresa contratista o subcontratista posee un convenio propio y no está sometida al sectorial aplicable a la empresa principal por razón de su actividad. Y, de forma más oscura, cuando *"exista otro convenio sectorial aplicable conforme a lo dispuesto en el título III"*.

Esta última referencia, al margen de referirse a una hipotética negociación de un convenio colectivo sectorial para las empresas multiservicios hoy inexistente, acaso se refiera a los convenios cuyo ámbito de aplicación sea la prestación de trabajo en determinadas contratas, es decir, a los convenios concluidos por empresas contratistas en determinados y concretos sectores de actividad (por ejemplo, en el sector de contratas ferroviarias, de empresas adjudicatarias del servicio de acompañamiento de transporte escolar y cuidadores de patio dependientes del Departamento de Educación, Universidades e Investigación del Gobierno Vasco; de limpieza de centros educativos dependientes del Departamento de Educación Empresas de colectividades en comedores escolares dependientes del Gobierno Vasco; de empresas concesionarias de limpieza y trabajadores que prestan sus servicios en los centros del Gobierno Vasco; o de Empresas concesionarias del Servicio de limpieza de Osakidetza).

Por otra parte, ante el silencio legal, resulta dudoso si el precepto resulta aplicable solamente a los supuestos de contratas o subcontratas de la propia actividad de la empresa principal o a todo tipo de contratas y subcontratas, aunque existen argumentos interpretativos sistemáticos para pensar en una aplicación extensiva a todo tipo de contratas y subcontratas.

67. LAS CAUSAS LEGALES QUE JUSTIFICAN LA MODIFICACIÓN E INAPLICACIÓN DE LAS CONDICIONES ESTABLECIDAS EN EL CONVENIO

En principio, los convenios colectivos estatutarios obligan a todos los empresarios y personas trabajadoras incluidos dentro de su ámbito de aplicación y durante todo el tiempo de su vigencia (Art. 82.2. del ET). Sin embargo, cuando concurren causas económicas, técnicas, organizativas o de producción se podrá proceder a inaplicar y modificar determinadas condiciones de trabajo convencionales (Art. 82.3 del ET).

Entiende la ley que concurren *"causas económicas"* cuando *"de los resultados de la empresa se desprenda una situación económica negativa, en casos tales como la existencia de pérdidas actuales o previstas, o la disminución persistente de su nivel de ingresos ordinarios o ventas. En todo caso, se entenderá que la disminución es persistente si durante dos trimestres consecutivos el nivel de ingresos ordinarios o ventas de cada trimestre es inferior al registrado en el mismo trimestre del año anterior".*

Se entiende que concurren *"causas técnicas"* cuando *"se produzcan cambios, entre otros, en el ámbito de los medios o instrumentos de producción".*

Se entiende que concurren *"causas organizativas"* cuando *"se produzcan cambios, entre otros, en el ámbito de los sistemas y métodos de trabajo del personal o en el modo de organizar la producción".*

Y se entiende que concurren *"causas productivas"* cuando *"se produzcan cambios, entre otros, en la demanda de los productos o servicios que la empresa pretende colocar en el mercado"*.

Las materias de de posible inaplicación coinciden básicamente con las enumeradas en el Art. 41.1 del ET para la modificación sustancial de condiciones de trabajo, siendo sin duda las materias más relevantes de un convenio colectivo, pero no todas ellas, y son las siguientes (Art. 82.3 del ET):

a) La jornada de trabajo.

b) El horario y la distribución del tiempo de trabajo.

c) El régimen de trabajo a turnos.

d) El sistema de remuneración y la cuantía salarial.

e) El sistema de trabajo y rendimiento.

f) Las funciones, cuando excedan de los límites que para la movilidad funcional prevé el Art. 39 del ET.

g) Y las mejoras voluntarias de la acción protectora de la Seguridad Social.

El procedimiento a seguir habrá de ser el siguiente (Art. 82.3 del ET):

1º) En primer lugar, la empresa tendrá que realizar un periodo de consultas con los representantes legales del personal en la empresa.

Conforme a lo dispuesto en los Arts. 82.3 y 41.4 del ET, a intervención como interlocutores ante la dirección de la empresa en el procedimiento de consultas corresponderá a las secciones sindicales cuando estas así lo acuerden, siempre que tengan la representación mayoritaria en los comités de empresa o entre los delegados de personal de los centros de trabajo afectados, en cuyo caso representarán a todos los trabajadores de los centros afectados.

En defecto de lo previsto anteriormente, la intervención como interlocutores se regirá por las siguientes reglas:

a) Si el procedimiento afecta a un único centro de trabajo, corresponderá al comité de empresa o a los delegados de personal. En el supuesto de que en el centro de trabajo no exista representación legal de los trabajadores, estos podrán optar por atribuir su representación para la negociación del acuerdo, a su elección, a una comisión de un máximo de tres miembros integrada por trabajadores de la propia empresa y elegida por estos democráticamente o a una comisión de igual número de componentes designados, según su representatividad, por los sindicatos más representativos y representativos del sector al que pertenezca la empresa y que estuvieran legitimados para formar parte de la comisión negociadora del convenio colectivo de aplicación a la misma.

En el supuesto de que la negociación se realice con la comisión cuyos miembros sean designados por los sindicatos, el empresario podrá atribuir su representación a las organizaciones empresariales en las que estuviera integrado, pudiendo ser las mismas más representativas a nivel autonómico, y con independencia de que la organización en la que esté integrado tenga carácter intersectorial o sectorial.

b) Si el procedimiento afecta a más de un centro de trabajo, la intervención como interlocutores corresponderá:

En primer lugar, al comité intercentros, siempre que tenga atribuida esa función en el convenio colectivo en que se hubiera acordado su creación.

En otro caso, a una comisión representativa que se constituirá de acuerdo con las siguientes reglas:

1ª) Si todos los centros de trabajo afectados por el procedimiento cuentan con representantes legales de los trabajadores, la comisión estará integrada por estos.

2ª) Si alguno de los centros de trabajo afectados cuenta con representantes legales de los trabajadores y otros no, la comisión estará integrada únicamente por representantes legales de los trabajadores de los centros que cuenten con dichos representantes. Y ello salvo que los trabajadores de los centros que no cuenten con representantes legales opten por designar la comisión a que se refiere la letra a), en cuyo caso la comisión representativa estará integrada conjuntamente por representantes legales de los trabajadores y por miembros de las comisiones previstas en dicho párrafo, en proporción al número de trabajadores que representen.

En el supuesto de que uno o varios centros de trabajo afectados por el procedimiento que no cuenten con representantes legales de los trabajadores opten por no designar la comisión de la letra a), se asignará su representación a los representantes legales de los trabajadores de los centros de trabajo afectados que cuenten con ellos, en proporción al número de trabajadores que representen.

3ª) Si ninguno de los centros de trabajo afectados por el procedimiento cuenta con representantes legales de los trabajadores, la comisión representativa estará integrada por quienes sean elegidos por y entre los miembros de las comisiones designadas en los centros de trabajo afectados conforme a lo dispuesto en la letra a), en proporción al número de trabajadores que representen.

En todos los supuestos contemplados en este apartado, si como resultado de la aplicación de las reglas indicadas anteriormente el número inicial de representantes fuese superior a trece, estos elegirán por y entre ellos a un máximo de trece, en proporción al número de trabajadores que representen.

La comisión representativa de los trabajadores deberá quedar constituida con carácter previo a la comunicación empresarial de inicio del procedimiento de consultas. A estos efectos, la dirección de la empresa deberá comunicar de manera fehaciente a los trabajadores o a sus representantes su intención de iniciar el procedimiento de modificación sustancial de condiciones de trabajo. El plazo máximo para la constitución de la comisión representativa será de siete días desde la fecha de la referida comunicación, salvo que alguno de los centros de trabajo que vaya a estar afectado por el procedimiento no cuente con representantes legales de los trabajadores, en cuyo caso el plazo será de quince días.

Transcurrido el plazo máximo para la constitución de la comisión representativa, la dirección de la empresa podrá comunicar el inicio del periodo de consultas a los representantes de los trabajadores. La falta de constitución de la comisión representativa no impedirá el inicio y transcurso del periodo de consultas, y su constitución con posterioridad al inicio del mismo no comportará, en ningún caso, la ampliación de su duración.

Cuando el periodo de consultas finalice con acuerdo se presumirá que concurren las causas justificativas y solo podrá ser impugnado ante la jurisdicción social por la existencia de fraude, dolo, coacción o abuso de derecho en su conclusión.

El acuerdo deberá determinar con exactitud las nuevas condiciones de trabajo aplicables en la empresa y su duración, que no podrá prolongarse más allá del momento en que resulte aplicable un nuevo convenio en dicha empresa y no tendrá efectos retroactivos (STS de 26 de octubre de 2015).

El acuerdo de inaplicación no podrá dar lugar al incumplimiento de las obligaciones establecidas en convenio relativas a la eliminación de las discriminaciones por razones de género o de las que estuvieran previstas, en su caso, en el Plan de Igualdad aplicable en la empresa. Asimismo, el acuerdo deberá ser notificado a la comisión paritaria del convenio colectivo.

En caso de desacuerdo durante el periodo de consultas cualquiera de las partes podrá someter la discrepancia a la comisión del convenio, que dispondrá de un plazo máximo de siete días para pronunciarse, a contar desde que la discrepancia le fuera planteada.

Cuando no se hubiera solicitado la intervención de la comisión o esta no hubiera alcanzado un acuerdo, las partes deberán recurrir a los procedimientos que se hayan establecido en los acuerdos interprofesionales de ámbito estatal o autonómico, previstos en el Art. 83 del ET, para solventar de manera efectiva las discrepancias surgidas en la negociación de los acuerdos, incluido el compromiso previo de someter las discrepancias a un arbitraje vinculante, en cuyo caso el laudo arbitral tendrá la misma eficacia que los acuerdos en periodo de consultas y solo será recurrible conforme al procedimiento y en base a los motivos establecidos en el Art. 91 del ET

Cuando el periodo de consultas finalice sin acuerdo y no fueran aplicables los procedimientos a los que se refiere el párrafo anterior o estos no hubieran solucionado la discrepancia, cualquiera de las partes podrá someter la solución de la misma a la Comisión Consultiva Nacional de Convenios Colectivos cuando la inaplicación de las condiciones de trabajo afectase a centros de trabajo de la empresa situados en el territorio de más de una comunidad autónoma, o a los órganos correspondientes de las comunidades autónomas en los demás casos. La decisión de estos órganos, que podrá ser adoptada en su propio seno o por un árbitro designado al efecto por ellos mismos con las debidas garantías para asegurar su imparcialidad, habrá de dictarse en plazo no superior a veinticinco días a contar desde la fecha del sometimiento del conflicto ante dichos órganos. Tal decisión tendrá la eficacia de los acuerdos alcanzados en periodo de consultas y solo será recurrible conforme al procedimiento y en base a los motivos establecidos en el Art. 91 del ET. Esta posibilidad de intervención de la CCNCC ha sido declarada constitucional por la STC de 22 de enero de 2015.

El resultado de los procedimientos anteriores que haya finalizado con la inaplicación de condiciones de trabajo deberá ser comunicado a la autoridad laboral a los solos efectos de depósito.

Cuestionada la constitucionalidad del arbitraje obligatorio de la CCNCC o sucedánea autonómica por atentar a la fuerza vinculante de los convenios colectivos (Art. 37.1 de la CE) y al derecho a la tutela judicial efectiva del Art. 24 de la CE, la STC de 16 de julio de 2014 lo ha declarado plenamente compatible con ambos preceptos constitucionales por "tratarse de una medida excepcional que resulta justificada, razonable y proporcionada", porque no impide el posterior conocimiento jurisdiccional de la cuestión y porque "su fin resulta proporcionado y justificado: procurar una solución extraprocesal de la controversia, lo cual es beneficioso para las partes".

Capítulo Tercero
CONCLUSIONES

68. CONCLUSIONES PROPOSITIVAS

A la vista de todo lo anterior, advertimos las siguientes conclusiones propositivas:

1ª) Es preciso distinguir entre la novación del contrato de trabajo —que exigirá siempre la voluntad de ambas partes contratantes—, la modificación de las condiciones del contrato de trabajo —que pueden, según los casos, admitir o no el juego de la autonomía de la voluntad de las partes dependiendo de las previsiones legales— y los cambios de convenio colectivo aplicable, lo que constituye algo esencialmente distinto de las anteriores modificaciones.

2ª) Conviene distinguir igualmente entre la modificación de las condiciones de origen contractual y la modificación de las condiciones de origen normativo (estatal o convencional), teniendo previstos legalmente procedimientos distintos.

3ª) La modificación de las condiciones de origen contractual podrá hacerse por mutuo acuerdo de las partes, por voluntad unilateral de la persona trabajadora o por voluntad unilateral del empresario.

4ª) En la modificación de las condiciones de origen contractual por mutuo acuerdo de las partes el pacto modificativo está sometido para su validez a los mismos requisitos de capacidad, consentimiento, objeto y forma que los exigidos para el nacimiento de la relación laboral (Arts. 1261 y ss. del CC) y, muy especialmente, a la ausencia de error, violencia, intimidación o dolo (Art. 1265 del CC).

5ª) Los supuestos de modificación de las condiciones de origen contractual por voluntad unilateral de la persona trabajadora vienen previstos en distintos preceptos del ET y se refieren a modificaciones de la jornada laboral y de los horarios, a los ascensos, a la movilidad funcional y a la movilidad geográfica.

6ª) Los supuestos de modificación de las condiciones de origen contractual por voluntad unilateral del empresario vienen reconocidos legalmente en los distintos supuestos de movilidad funcional (Art. 39 del ET), de movilidad geográfica (Art. 40 del ET) y de modificación sustancial y no sustancial de las condiciones de trabajo contractuales (Art. 41 del ET).

7ª) La ley contempla tres clases de movilidad funcional por voluntad unilateral del empresario, cada una de ellas con distintos límites legales en atención a la trascendencia de sus efectos sobre el trabajador movilizado (Art. 39 del ET):

A) La movilidad funcional dentro del mismo grupo profesional u "horizontal".

B) La movilidad funcional fuera del grupo profesional o "vertical".

C) La movilidad funcional "extraordinaria", esto es, la que excede de los límites del Art. 39 del ET y que se configura como una modificación sustancial de las condiciones de trabajo del Art. 41 del ET.

8ª) Desde la perspectiva del lugar de trabajo, existen tres tipos de movilidad geográfica:

A) El simple cambio de puesto de trabajo dentro del mismo centro de trabajo.

B) El cambio de centro de trabajo que no exige cambio de residencia de la persona trabajadora.

C) El cambio de centro de trabajo que exige cambio de residencia de la persona trabajadora, cuya duración puede ser indefinida o superior a un año dentro de un periodo de tres (traslados) o inferior al año (desplazamientos).

Desde la perspectiva de la causa de la decisión empresarial movilizadora, la movilidad geográfica a iniciativa del empresario puede ser por causas económicas, técnicas, organizativas o de producción, por causas disciplinarias o basadas en el poder de dirección empresarial.

9ª) La movilidad geográfica por causas económicas, técnicas, organizativas o de producción, en su doble versión de traslados y desplazamientos temporales, viene regulada con todo lujo de detalles en el Art. 40 del ET.

10ª) La movilidad geográfica por causas disciplinarias vine regulada en los distintos convenios colectivos aplicativos, configurándola como una sanción disciplinaria, que va desde el simple cambio de puesto de trabajo dentro de un centro de trabajo, pasando por el cambio de centro de trabajo sin cambio de residencia de la persona trabajadora hasta el traslado con cambio de residencia de ésta.

11ª) La movilidad geográfica basada en el poder de dirección empresarial viene referida a los cambios de puesto de trabajo dentro del mismo centro y a los cambios de centro sin cambio de residencia de la persona trabajadora.

12ª) Las modificaciones no sustanciales de las condiciones de origen contractual se encuentran igualmente dentro del poder dirección del empresario.

13ª) Las modificaciones sustanciales de las condiciones de origen contractual vienen reguladas con todo lujo de detalles en el Art. 41 del ET, si bien plantean algunos problemas interpretativos importantes en relación con la modificación de la jornada de trabajo.

14ª) Una empresa podrá cambiar el convenio colectivo aplicable a sus personas trabajadoras por distintas causas, que nada tienen que ver entre ellas, por lo que la solución legal es distinta en cada caso.

15ª) Desde luego, la pérdida de vigencia del convenio colectivo anteriormente aplicable supondrá normalmente la aplicación de otro convenio colectivo distinto.

16ª) Las personas trabajadoras de una determinada empresa, grupo de empresas o una pluralidad de empresas vinculadas por razones organizativas o productivas y nominativamente identificadas pueden ver modificadas determinadas condiciones de trabajo por aplicación del nuevo convenio colectivo negociado a este nivel vigente y aplicable otro de ámbito superior.

17ª) Las personas trabajadoras de una determinada Comunidad Autónoma pueden ver modificadas las condiciones de trabajo establecidas por un convenio sectorial estatal por negociarse y aplicarse durante su vigencia otro convenio colectivo sectorial en esa Comunidad Autónoma.

18ª) Las personas trabajadoras movilizadas geográficamente pueden ver modificadas sus condiciones de trabajo provenientes del convenio colectivo sectorial aplicable al ser trasladados o desplazados a otra localidad donde rige otro convenio colectivo sectorial.

19ª) Las personas trabajadoras pueden ver modificadas sus condiciones nacidas del convenio colectivo aplicable en los casos de sucesión de empresa.

20ª) Las personas trabajadoras pueden ver modificadas sus condiciones nacidas del convenio colectivo sectorial aplicable en los casos de error en la aplicación cuando su ámbito funcional no se corresponde con la actividad desarrollada por la empresa.

21ª) Los trabajadores de una empresa contratista o subcontratista pueden verse afectados en sus condiciones de trabajo de origen convencional en los casos previstos en el Art. 42.6 del ET.

22ª) Con carácter general, en la actual regulación de los Arts. 39, 40 y 41 del ET existen a mi juicio cuestiones interpretativas, hasta ahora resueltas por la jurisprudencia de los Tribunales, que resultaría oportuno aclarar, bien por la ley, bien por la negociación colectiva, para una mayor seguridad jurídica.

23ª) La Ley prevé la posibilidad de la inaplicación y modificación por parte de las empresas del convenio colectivo estatutario en una serie de materias y por una serie de causas tasadas por la ley y a través del procedimiento legalmente previsto en el Art. 82.3 del ET.